STAR WARS
GESCHICHTEN DER JEDI UND SITH

DORLING KINDERSLEY
LONDON, NEW YORK, MELBOURNE, MÜNCHEN UND DELHI

Für Dorling Kindersley:
Cheflektorat Catherine Saunders
Art Director Lisa Lanzarini
Projektleitung Simon Beecroft
Programmleitung Siobhan Williamson
DTP-Design Santosh Kumar Ganapathula
Herstellung Nick Seston
Beratung Linda Gambrell

Für Lucasfilm:
Chefredaktion Jonathan Rinzler
Art Director Troy Alders
Continuity Leland Chee
Programmleitung Carol Roeder

Bibliografische Information Der Deutschen Bibliothek
Die Deutsche Bibliothek verzeichnet diese Publikation in der Deutschen Nationalbibliografie;
detaillierte bibliografische Daten sind im Internet über http://dnb.ddb.de abrufbar.

Titel der englischen Originalausgabe:
Star Wars™ Stories of the Jedi and the Sith

Copyright © 2007, 2008, 2011 Lucasfilm Ltd and ™.
All rights reserved. Used under authorization.

Gestaltung © Dorling Kindersley Limited, London
Ein Unternehmen der Penguin-Gruppe

© der deutschsprachigen Ausgabe by Dorling Kindersley Verlag GmbH, München, 2011
Alle deutschsprachigen Rechte vorbehalten

Übersetzung Anke Wellner-Kempf
Lektorat Marc Winter

ISBN 978-3-8310-1832-1

Colour reproduction by GRB Editrice S.r.l., London
Printed and bound in Slovakia by Tlaciarne BB, s.r.o.

Besuchen Sie uns im Internet
www.dorlingkindersley.de

www.starwars.com

STAR WARS
GESCHICHTEN DER JEDI UND SITH

Inhalt

Ich will ein Jedi werden....................5

Darth Vaders Geschichte..............51

Epische Schlachten......................97

Hüte dich vor der dunklen Seite... 143

STAR WARS
ICH WILL EIN JEDI WERDEN

von Simon Beecroft

Die Jedi

Wenn du ein Jedi werden willst, musst du alles über die Jedi lernen. Du musst viel trainieren. Die Jedi sind die besten Kämpfer der Galaxis, und ihre Aufgabe ist es, den Frieden zu erhalten. Ein Jedi trainiert viele Jahre lang sehr hart. Dann reist er oder sie durch die Galaxis zu allen Konfliktherden. Ein Jedi tut, was ihm nur möglich ist, um gewaltfrei Frieden zu bringen.

Ein Jedi erhält Kraft von einer starken Energie, die Macht genannt wird. Die Macht ist überall. Ein Jedi muss sie verstehen und benutzen können.

Yoda

Große Kraft
Die Macht ist eine spezielle, unsichtbare Energie. Man kann lernen, sie zu spüren. Der Jedi Yoda nutzt sie, um anderen in der Galaxis zu helfen.

Jedi gehen in der Regel zu zweit auf Mission.

Lange Ausbildung

Wenn du ein Jedi werden möchtest, musst du deine Ausbildung in sehr jungen Jahren beginnen.

Zunächst bist du ein Jüngling. Bestehst du die Prüfungen, wirst du ein Padawan. Das bedeutet, dass du dich in der Jedi-Ausbildung befindest, aber noch kein Jedi bist. Wenn du mehrere Jahre lang hart trainierst und weitere Prüfungen bestanden hast, wirst du ein Jedi-Ritter.

Als Padawan gehst du auf Missionen, unternimmst sie aber niemals allein. Du wirst immer von einem erfahreneren Jedi begleitet. Ein Jedi mit sehr großer Erfahrung ist ein Jedi-Meister. Eines Tages, wenn du immer weiter lernst und trainierst, kannst du auch ein Jedi-Meister werden. Dann bildest du andere, jüngere Jedi-Schüler aus. So funktioniert der Jedi-Orden.

Raumschiff
Wenn du auf Missionen gehst, bist du mit vielen verschiedenen Raumschiffen unterwegs. Mit diesem großen Schiff reisen meist wichtige Politiker.

Besondere Kräfte

Jedi können von jedem Ort der Galaxis stammen. Ein Junge oder ein Mädchen entdeckt bei sich in der sehr frühen Kindheit besondere Kräfte. Vielleicht können sie Objekte durch Gedanken bewegen oder etwas sehr, sehr schnell tun. Sie nutzen die Macht, ohne es zu wissen. Das bedeutet, dass sie ein

guter Jedi werden könnten. Eine solche Person war Anakin Skywalker. Obwohl er noch sehr jung war, war er ein sehr guter Pilot. Er flog eine sehr schnelle Maschine, einen Podrenner, und gewann ein sehr gefährliches Rennen. Der Jedi-Meister Qui-Gon Jinn entdeckte Anakin und beschloss, ihn zum Jedi auszubilden. Qui-Gon Jinn glaubte, dass Anakin ein großartiger Jedi werden könnte.

Anakin Skywalker ist entschlossen, das Podrennen zu gewinnen.

Jedi in der Ausbildung

Wenn du mit deiner Jedi-Ausbildung beginnst, musst du dein Zuhause und deine Eltern verlassen. Es ist sehr hart, alle zurückzulassen, die man liebt, deswegen muss man von ganzem Herzen ein Jedi werden wollen. Du reist auf einen großen Planeten im Zentrum der Galaxis. Ein Gebäude, der Jedi-Tempel, ist nun für den Rest deines Lebens deine Heimat. Hier beginnt deine Jedi-Ausbildung.

Eine neue Heimat
Der Jedi-Tempel ist ein gigantisches Gebäude, in dem alle Jedi leben, trainieren und arbeiten, mit Trainingshallen, Besprechungsräumen, Bibliotheken und großen Raumschiff-Hangars.

Jedi-Meister Yoda lehrt die Jünglinge mithilfe eines Trainingshelms, ohne Augen zu „sehen".

Im Jedi-Tempel wird man in vielen Unterrichtsstunden in allen Jedi-Künsten unterwiesen. Du lernst, deine Gefühle zu kontrollieren, sodass du weder Angst noch Ärger oder Hass empfindest. Du lernst, die Macht zu nutzen. Ein spezieller Trainingshelm, der deine Augen bedeckt, lehrt dich, allein mithilfe der Macht zu „sehen".

Meister und Schüler

Während deiner Jedi-Ausbildung verbringst du viel Zeit mit deinem Lehrer. Dein Lehrer ist ein Jedi-Meister. Ihr unternehmt jede Reise gemeinsam. Du musst stets bereit sein, von deinem Lehrer zu lernen.

Anakin Skywalkers Lehrer hieß Obi-Wan Kenobi. Anakin hatte das Gefühl, dass Obi-Wan ihn in seiner Entwicklung behinderte.

Anakin hört nicht immer auf das, was Obi-Wan Kenobi ihm sagt.

Anakin hält Kanzler Palpatine für einen guten Mann und folgt seinem Rat.

Anakin konnte es kaum abwarten, ein Jedi-Ritter zu werden. Er besaß mehr Kraft als die meisten Jedi, doch er hielt sich nicht immer an die Regeln des Jedi-Ordens. Anakin vertraute Kanzler Palpatine an, dass er unzufrieden war und schneller vorankommen wollte. Anakin glaubte, Palpatine sei ein guter Freund.

Verbotene Heirat

Wie jedermann können sich auch Jedi verlieben, doch dürfen sie nicht zulassen, dass starke Gefühle sie davon abhalten, die Galaxis zu verteidigen. Jedi dürfen nicht heiraten, weil starke emotionale Bindungen ihr Urteilsvermögen einschränken und verhindern können, dass sie ihre Aufgaben gut erfüllen.

Anakin Skywalker wusste, dass er nicht heiraten durfte, doch er verliebte sich in die schöne Padmé Amidala. Anakin und Padmé vermählten sich heimlich. Wenn irgendjemand herausfinden würde, dass Anakin verheiratet war, dürfte er kein Jedi mehr sein.

Der Jedi-Rat

Die einflussreichsten und weisesten Jedi sind im Hohen Rat der Jedi versammelt. Sie treffen die wichtigsten Entscheidungen. Der Hohe Rat zählt immer zwölf Jedi. Er kommt in einem der hohen Türme des Jedi-Tempels zusammen. Zwei der wichtigsten Mitglieder des Hohen Rats sind Yoda und Mace Windu.

Yoda ist ein sehr weiser, grünhäutiger Alien, der viele Hundert Jahre alt ist. Mace Windu ist ein menschlicher Jedi von großer Geisteskraft. Yoda und Mace sind beide äußerst geschickt im Umgang mit der einzigen Waffe der Jedi, dem sogenannten Lichtschwert.

Mace Windu

Lichtschwerter

Lichtschwerter gleichen Schwertern. Ihre Klinge ist jedoch nicht aus Metall, sondern aus glühender Energie, die die verschiedensten Farben annehmen kann. Sie ist viel kraftvoller als eine Metallklinge. Daher muss ein Jedi lernen, sie vorsichtig und sicher zu handhaben. Das ist ein wichtiger Teil der Jedi-Ausbildung.

Qui-Gon beschützt Königin Amidala vor einem Kampfdroiden

Jedi dürfen mit ihren Lichtschwertern niemals angreifen. Nur zum Schutz und zur Verteidigung dürfen sie sie benutzen. Sie lernen, das Leben in jeglicher Form zu respektieren. Da die Jedi sich ihre Lichtschwerter selbst bauen, gleicht keines einem anderen. Wer sein Lichtschwert verliert, muss sich ein neues bauen.

Lichtschwert-Griff
Man hält das Lichtschwert am Griff. Wenn man es aktiviert, fährt die Klinge aus. Sie kann fast alles durchschneiden.

Lichtschwert-Kampf

Mit ihren Lichtschwertern verteidigen die Jedi sich und andere. Lichtschwerter können Objekte abwehren oder Blasterfeuer ablenken. Auch können sie versiegelte Türen aufschneiden. Manchmal muss ein Jedi mit dem Lichtschwert auch gegen einen anderen kämpfen. Mit schnellen Bewegungen hält er seinen Gegner in Schach. Mithilfe der Macht kann er seine Bewegungen noch beschleunigen. Außerdem nutzt er die Macht, um vorherzusehen, welche Bewegungen sein Gegner machen wird, noch bevor dieser sie ausführt.

Jedi-Meister Qui-Gon kämpft gegen den tödlichen Gegner Darth Maul.

Geistestricks

Die Jedi können die Macht einsetzen, um andere Menschen zu beeinflussen. Mit einer bestimmten Handbewegung kann ein Jedi einer Person übermitteln, was sie tun oder denken soll. Die Person wiederholt, was der Jedi gesagt hat, ist sich aber nicht bewusst, dass der Jedi ihr seine Gedanken übertragen hat. Dies ist der Jedi-Geistestrick.

Der Geistestrick funktioniert nicht bei jedermann. Wer einen sehr starken Willen hat, kann dem Geistestrick widerstehen.

Alles im Geiste
Einmal wandte Obi-Wan einen Jedi-Geistestrick auf einen Kleinkriminellen an. Er brachte den Gauner dazu, ein ehrliches Leben zu führen.

Anakin Skywalker war früher ein Sklave des Alien Watto, der sich fliegend fortbewegte. Qui-Gon versuchte, Anakin zu befreien, indem er den Geistestrick auf Watto anwandte, doch dieser ließ sich nicht beeinflussen.

Geisteskräfte

Jedi können mithilfe der Macht auch Objekte bewegen, ohne sie zu berühren. Für einen Jedi besteht zwischen einem großen und einem kleinen Gegenstand kein Unterschied. Ein geschickter Jedi kann Objekte jeder Größe bewegen.

Großer Lehrmeister
Yoda lehrte den jungen Jedi Luke Skywalker, schwere Objekte durch Anwendung der Macht zu heben. Luke fiel es erst schwer zu glauben, dass dies möglich ist.

Weise Jedi wie Yoda können sehr schwere Objekte allein durch Geisteskraft heben. Yoda kann Felsen und sogar ein Raumschiff aus einem Sumpf heben!

Die Geisteskräfte nützen den Jedi auch, wenn sie im Kampf ihr Lichtschwert fallen lassen. Dank der Macht können sie es schnell in ihre Hand zurückspringen lassen.

Jedi-Ausrüstung

Die Jedi führen eine bestimmte Ausrüstung mit sich, wenn sie auf eine Mission gehen. Man weiß nie, was man brauchen wird! Diese tragen sie an einem Spezialgürtel. Auch das Lichtschwert hängt daran, außerdem ein Kasten mit Medikamenten, Werkzeuge, Nahrungskapseln und ein spezielles Kommunikationsgerät, das Komlink, mit dem die Jedi Botschaften versenden und empfangen.

Komlink

Qui-Gon spricht mit Obi-Wan Kenobi über sein Komlink.

Qui-Gon zeigt mit seinem Holoprojektor realistische Bilder eines Raumschiffs.

Ein weiteres nützliches Gerät ist der Holoprojektor, mit dem ein Jedi ein Bild aufzeichnen und später abspielen kann. Ein Holoprojektor kann auch eine Aufnahme von dir an jemand anderen übertragen, wie ein Video.

Holoprojektor

Besondere Missionen

Besondere Missionen erfordern eine besondere Ausrüstung. Um längere Zeit zu tauchen, brauchst du ein Aqua-Atemgerät. Man steckt es in den Mund und atmet dadurch Luft ein. Sein Sauerstoff reicht für zwei Stunden. Qui-Gon Jinn und Obi-Wan Kenobi sind einmal auf dem Planeten Naboo mithilfe der Atemgeräte zu einer Unterwasserstadt gelangt.

Ein weiteres nützliches Gerät ist das Makrofernglas. Es zoomt elektronisch Objekte heran, die sehr weit entfernt sind. Es funktioniert sogar im Dunkeln!

Peilsender
Um eine verdächtige Person zu verfolgen, kannst du einen Peilsender an ihrem Schiff befestigen. Er sendet Signale, sodass du das Schiff orten kannst.

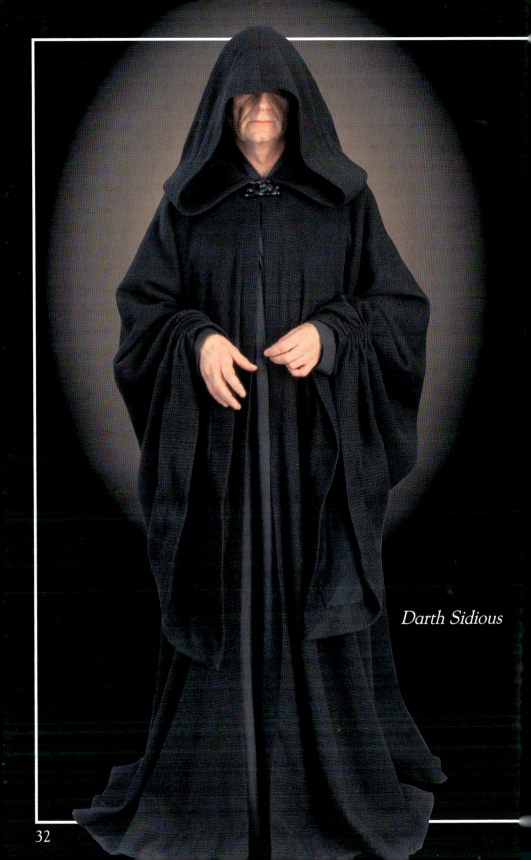

Darth Sidious

Todfeinde

Die Todfeinde der Jedi heißen Sith. Die ersten Sith waren früher einmal Jedi, doch sie wurden böse. Die meisten Jedi nutzen die Macht, um Gutes zu tun, doch die Sith nutzen die dunkle Seite der Macht, um noch größere Kräfte zu gewinnen. Die Sith wollen die Jedi zerstören. Vor langer Zeit führten die Sith und die Jedi Krieg gegeneinander. Die Jedi besiegten die Sith – zumindest glaubten sie das. Sie wussten nicht, dass ein Sith-Meister überlebt hatte. Heimlich bildete dieser eine weitere Person aus, damit seine Künste nach seinem Tod fortbestanden. Tausend Jahre lang gab jeder Sith-Meister seine Künste an eine Person weiter. Der letzte Sith-Meister hieß Darth Sidious. Er plante, die Jedi ein für allemal zu vernichten.

Sith-Kämpfe

Sidious bildete einen grausamen Alien namens Maul aus. Auf seinem tätowierten Schädel trug er Hörner. Seine Zähne waren rasiermesserscharf, seine Augen gelb. Mauls Waffe war ein tödliches Lichtschwert mit zwei Klingen, eine an jedem Ende. Er war ein sehr schneller Kämpfer, und die dunkle Seite der Macht verlieh ihm furchtbare Kraft.

Die Sith benutzen Lichtschwerter mit roten Klingen.

Sidious beauftragte Maul, Qui-Gon und Obi-Wan zu töten. Maul tötete Qui-Gon, wurde aber von Obi-Wan besiegt.

Dooku
Nach Mauls Tod musste Sidious einen anderen suchen, den er ausbilden konnte. Er fand den Jedi-Meister Dooku. Dieser hatte den Jedi-Orden verlassen und ergriff die Gelegenheit, Sith zu werden.

Ungewöhnlicher Feind

Eigentlich sind die Jedi und die Sith die Einzigen, die Lichtschwerter benutzen. Der Sith Count Dooku brachte jedoch einem Droiden namens General Grievous bei, mit einem Lichtschwert zu kämpfen. General Grievous kämpfte mit gestohlenen Lichtschwertern. Jedes Mal, wenn er im Kampf einen Jedi tötete, nahm er dessen Lichtschwert an sich.

Grievous war ein höchst gefährlicher Gegner, denn er konnte seine zwei Arme in vier teilen und dann mit vier Lichtschwertern zugleich kämpfen. In einem Krieg in der Galaxis kämpfte Grievous gegen Obi-Wan Kenobi. Grievous wollte Obi-Wan töten und sein Lichtschwert stehlen. Die Kampf war hart, doch Obi-Wan besiegte Grievous schließlich.

Krieg!

Jahrtausendelang sorgten die Jedi in der Galaxis für Frieden. Die Jedi ahnten nicht, dass die Sith planten, sie zu vernichten. Anakins Freund, Kanzler Palpatine, war in Wahrheit der Sith-Lord Sidious. Sidious erschuf riesige Droidenarmeen und zettelte in der Galaxis Krieg an.

Die erste Schlacht fand auf dem staubigen roten Planeten Geonosis statt. Die Droidenarmeen attackierten die Jedi. Gewaltige Panzer auf langen Beinen marschierten über das Schlachtfeld und feuerten pausenlos. Viele Jedi wurden getötet. Als Nächstes griffen die Droidenarmeen Planeten an, einen nach dem anderen.

Die Jedi-Ritterin Aayla Secura geht in einer sumpfigen, von riesigen Pilzen bedeckten Welt in den Kampf.

Mutige Generäle

Als der Krieg begann, mussten die Jedi verhindern, dass die Droidenarmeen jeden Planeten der Galaxis angriffen. Es gab viel weniger Jedi in der Galaxis als Droidenarmeen. Viele Jedi wurden großartige Generäle. Yoda war der Anführer aller Armeen, gemeinsam mit Mace.

Die Jedi kämpften auf vielen fremden Planeten. Aayla Secura reiste auf einen Planeten, der dicht mit Dschungel überwachsen war, um einen feindlichen Angriff abzuwehren. Ki-Adi-Mundi führte eine Armee auf einen gefährlichen feindlichen Planeten, der mit Kristallen bedeckt war.

Ki-Adi-Mundi ist ein Jedi-Meister von großer Macht und Geschicklichkeit.

Jedi-Piloten

Die Jedi gehören zu den besten Piloten der Galaxis. Oft nutzen sie ihre Macht-Kräfte, wenn sie Raumschiffe fliegen.

Anakin Skywalker ist einer der besten unter ihnen. Mithilfe der Macht erreicht er Höchstgeschwindigkeiten. Die Jedi können viele verschiedene Vehikel steuern, darunter Luftgleiter genannte fliegende Autos. Einmal hat Obi-Wan ein Unterwasserboot, einen Bongo, gesteuert!

Anakin nutzt seine ganze Jedi-Kunst, um einen Luftgleiter durch eine belebte Stadt zu fliegen.

Obi-Wan manövriert seinen Jedi-Sternenjäger aus der Gefahrenzone heraus.

Wenn die Jedi auf eine Mission gehen, fliegen sie meist kleine Sternenjäger. Darin haben nur ein Jedi-Pilot und ein kleiner Droide Platz.

Pilotendroiden
Pilotendroiden sitzen mit den Jedi im Raumschiff und helfen ihnen, ihren Zielort zu erreichen. Dieser Droide heißt R2-D2.

Weltraumschlacht

Während des Krieges in der Galaxis flogen die Jedi kleine Angriffs-Raumschiffe, sogenannte Abfangjäger. Sie sind schneller als normale Jäger. In einer wichtigen Schlacht kämpften Hunderte von Raumschiffen gegeneinander. Anakin flog mit seinem Abfangjäger viele mutige Angriffe.

Obi-Wan blieb mit seinem Raumschiff stets in Anakins Nähe. Sein Schiff wurde durch feindliches Feuer getroffen. Er war in großer Gefahr. Gerade noch rechtzeitig konnte er sein Schiff landen und herausspringen!

Anakin und Obi-Wan fliegen in das Zentrum der Weltraumschlacht.

Die dunkle Seite

Das Schlimmste, was ein Jedi tun kann, ist, sich von der guten Seite der Macht abzuwenden und die dunkle Seite zu benutzen.

Einer der mächtigsten Jedi, Anakin Skywalker, wandte sich der dunklen Seite zu. Der böse Sith-Lord Sidious hatte ihn dazu gebracht, sich ihm anzuschließen.

Anakin wandte sich von seiner Frau Padmé ab und griff den Jedi-Tempel an. Er tötete viele Jedi und versuchte sogar, seinen ältesten Freund und Lehrer, Obi-Wan, umzubringen. Obi-Wan hätte lieber nicht gegen seinen früheren Freund gekämpft, doch er hatte keine Wahl. Er brauchte seine ganze Kraft, dann hatte er, wie er glaubte, Anakin besiegt. Er irrte sich.

Eine neue Ära

Der Krieg war die gefahrvollste Zeit in der Geschichte der Galaxis. Millionen starben, darunter fast alle Jedi. Die bösen Sith-Lords gewannen den Krieg und beherrschten die Galaxis. Anakin überlebte und regierte neben dem Imperator Palpatine. Er hieß nun Darth Vader und trug einen schwarzen Helm.

Darth Vader hat den Körper von Anakin Skywalker, aber er hat sich der dunklen Seite der Macht zugewandt.

Luke Skywalker dachte niemals, dass er ein Jedi würde, doch es kam anders.

Einige wenige Jedi überlebten. Sie verbargen sich, bis die Zeit gekommen war, um die Sith zu bekämpfen. Anakins Kinder Luke und Leia führten sie an. Nach vielen ausgedehnten Schlachten waren die Sith vernichtet.

Solange es Jedi gibt, besteht Hoffnung für die Galaxis. Möge die Macht mit dir sein!

Luke Skywalker ist der Sohn von Anakin und Padmé.

Glossar

Abfangjäger
Jedi-Angriffsschiff, schneller als ein Sternenjäger.

Blaster
Waffe, die einen tödlichen Lichtstrahl schießt.

Droide
Eine Roboterart. R2-D2 ist ein Droide.

Dunkle Seite
Teil der Macht, der mit Angst und Hass verbunden ist.

Galaktisch
Was zu einer Galaxis gehört.

Galaxis
Gruppe von Millionen Sternen und Planeten.

Helle Seite
Teil der Macht, der mit Güte, Mitgefühl und Heilen verbunden ist.

Holoprojektor
Gerät für Stand- und Bewegtbildaufnahmen.

Imperium
Mehrere Völker, die von einer Person, dem Imperator, regiert werden. Palpatine ist der Imperator des Galaktischen Imperiums.

Jedi-Meister
Die Jedi mit der größten Erfahrung.

Jedi-Orden
Gruppe, die Frieden und Gerechtigkeit in der Galaxis verteidigt.

Jedi-Ritter
Krieger mit besonderen Kräften, der das Gute in der Galaxis verteidigt, z.B. Anakin und Luke Skywalker und Obi-Wan Kenobi.

Jedi-Tempel
Jedi-Hauptquartier, wo der Jedi-Rat tagt und Jedi leben, trainieren und arbeiten.

Jüngling
Die erste Stufe der Jedi-Ausbildung, bevor man ein Padawan wird.

Komlink
Kommunikationsgerät, das Nachrichten sendet und empfängt.

Lichtschwert
Waffe der Jedi und Sith aus glühender Energie.

Luftgleiter
Eine Art fliegendes Auto.

Die Macht
Energiefeld, das alle Lebewesen erzeugen.

Makrofernglas
Fernglas, das elektronisch Objekte von weither heranzoomt, sogar im Dunkeln.

Mission
Besondere Aufgabe.

Padawan
Ein Jedi, der den Umgang mit der Macht lernt.

Republik
Eine Gemeinschaft, bei der das Volk seinen Anführer wählt.

Sith
Die Feinde der Jedi, die die dunkle Seite der Macht benutzen.

Sternenjäger
Ein kleines, schnelles Raumschiff, das Jedi und andere benutzen.

STAR WARS
DARTH VADERS GESCHICHTE

von Catherine Saunders

Darth Vaders Geschichte

Sieh dir Darth Vader an – wenn du dich traust! Er ist ein gefährlicher Mann mit furchtbaren Kräften, ein skrupelloser Sith-Lord, der dem bösen Imperator Palpatine hilft, die Galaxis zu beherrschen.

Doch Darth Vader war nicht immer der Sith mit der Maske. Er war einmal ein begabter Jedi namens Anakin Skywalker. Lies weiter und erfahre, wie sich ein vielversprechender junger Jedi der dunklen Seite der Macht zuwandte.

Imperator Palpatine
Palpatine wusste vom ersten Moment an, da er Anakin Skywalker traf, dass er der perfekte Schüler sein würde.

Der junge Anakin Skywalker

Anakin Skywalker wuchs als Sklave auf dem Wüstenplaneten Tatooine auf. Seine Mutter Shmi konnte Anakin seine Geburt nicht erklären – er hatte keinen Vater.

Anakin war ein braves Kind, das seine Mutter sehr liebte. Schon sehr früh zeigte er Begabung darin, mechanische Dinge zu bauen und zu reparieren. Mit neun Jahren baute er den Droiden C-3PO, der seiner Mutter helfen sollte. Anakin war jedoch auch wild und liebte das Risiko.

Sklavenbesitzer
Anakin und Shmi waren Sklaven des Schrotthändlers Watto und mussten tun, was er ihnen sagte. Watto ließ sie sehr hart arbeiten.

Eine besondere Berufung

Als die Jedi Qui-Gon Jinn und Obi-Wan Kenobi auf Tatooine landeten, um ihr Schiff zu reparieren, lernten sie Anakin Skywalker kennen. Qui-Gon sah, dass der Junge das Zeug zu einem großen Jedi hatte.

Qui-Gon untersuchte Anakins Blut auf seinen Machtgehalt. Er war beeindruckend!

Als Anakin anbot, an einem gefährlichen Podrennen teilzunehmen, ergriff Qui-Gon die Chance, Ersatzteile für sein Schiff und die Freiheit für Anakin zu gewinnen. Der Jedi wusste, dass Anakin mithilfe der Macht gewinnen würde. Er hatte recht. Aus der Sklaverei befreit, konnte Anakin Tatooine mit den Jedi verlassen, doch er musste seine Mutter zurücklassen.

Anakin freute sich auf das Abenteuer, das ihm bevorstand, aber er vermisste seine Mutter sehr.

Ein neues Leben beginnt

Nachdem sie Tatooine verlassen hatten, bat Qui-Gon den Jedi-Rat, Anakin zum Jedi ausbilden zu dürfen, doch dieser lehnte ab. Der Rat hielt Anakin schon für zu alt, und einige weise Mitglieder spürten Gefahr in Anakins Zukunft lauern.

Als Qui-Gon und Obi-Wan auf eine Mission gingen, begleitete Anakin sie.

Padmé Amidala
Königin Padmé Amidala von Naboo war nur wenige Jahre älter als Anakin, und der Junge entwickelte starke Gefühle für sie.

Anakin und die Jedi befreien den Planeten Naboo von der Invasion der Handelsföderation. Als Anakin einen Sternenjäger lenkte und das Droiden-Kontrollschiff der Handelsföderation zerstörte, änderte der Jedi-Rat seine Meinung. Da Qui-Gon von einem Sith getötet worden war, übernahm Obi-Wan Anakins Ausbildung.

Jedi-Ausbildung

Anakin Skywalker kehrte in den Jedi-Tempel auf dem Hauptplaneten Coruscant zurück, um seine Ausbildung zu beginnen. Er lernte, seine großen Macht-Kräfte zu nutzen und zu kontrollieren. Anakin lernte auch, sich wie ein Jedi-Ritter zu verhalten. Jedi müssen ruhig und beherrscht sein. Sie lieben den Frieden und nutzen ihr Können nur zur Verteidigung, niemals zum Angriff.

Als Padawan oder Schüler des Jedi-Meisters Obi-Wan Kenobi betrachtete Anakin Obi-Wan als jemanden, der für ihn fast eine Vaterfigur war.

Die Macht
Die als „die Macht" bezeichnete Energie ist überall. Jedi lernen, ihre helle Seite zu nutzen, um Gutes zu tun. Die Sith stellen ihre dunkle Seite in den Dienst der Gier und Unterdrückung.

Zunehmender Frust

Anakin liebte und achtete Obi-Wan, war aber oft frustriert. Anakin glaubte an seine Jedi-Fähigkeiten und fühlte sich von Obi-Wan gebremst. Er hatte genug davon, nur ein Padawan zu sein.

Obi-Wan wusste, dass Anakin das Talent zu einem mächtigen Jedi-Ritter

hatte. Aber er glaubte auch, dass Anakin seine Gefühle noch nicht so im Griff hatte, wie ein Jedi es sollte. Dass Obi-Wan recht hatte, zeigte sich, als Anakin Padmé Amidala nach zehn Jahren wiedertraf. Was Anakin als Junge für sie empfunden hatte, fühlte er immer noch. Bald würde er seinen Gefühlen nachgeben.

Mächtiger Freund

Die Galaxis war eine Republik, was bedeutete, dass sie von einem Senat regiert wurde, in dem alle Planeten vertreten waren. Mit zunehmender Enttäuschung wandte sich Anakin immer mehr Kanzler Palpatine, dem Anführer der Republik, zu. Palpatine schien genau zu verstehen, wie Anakin sich fühlte. Er war ein guter Zuhörer. Anakin glaubte, Palpatine wäre auf seiner Seite, anders als Obi-Wan.

Sith-Lord
Palpatine war in Wahrheit ein Sith-Lord, Darth Sidious. Er war Oberster Kanzler der Republik – plante aber, diese zu zerstören.

Anakin bemerkte nicht, dass Palpatine heimlich versuchte, die Republik zu zerstören und die Macht an sich zu reißen.

Unaufhaltsame Gefühle

Palpatines unheilvoller Einfluss vergrößerte Anakins Enttäuschung von Obi-Wan und dem Jedi-Orden und verwirrte seine Gefühle. Als man ihn erwählte, um Padmé nach Naboo zurückzugeleiten, verlor er den Kampf gegen seine Gefühle für sie.

Padmé war nun Senatorin und damit der Republik verpflichtet, aber auch sie konnte nicht verhindern, dass sie sich in Anakin verliebte. Heimlich heirateten sie auf Naboo. Ein Jedi darf keine Liebesbeziehung haben. Anakin hatte die Regel verletzt, doch es war ihm egal.

Hinwendung zur Dunklen Seite

Anakin hatte seine Mutter Shmi, die auf Tatooine geblieben war, nicht vergessen. Er träumte schreckliche Dinge über sie und machte sich auf den Weg zu ihr.

Außer Kontrolle
An Shmis Grab war Anakin von Zorn erfüllt, weil er sie nicht hatte retten können. Er missachtete die Jedi-Lehren und gab seiner Wut nach.

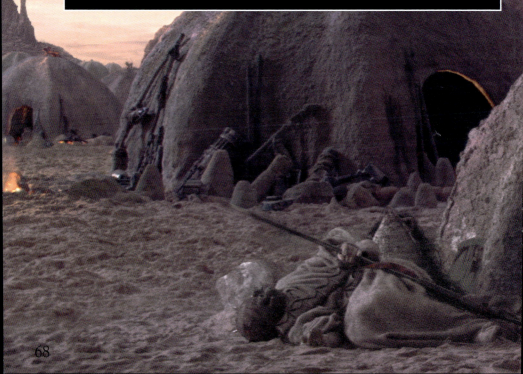

Auf Tatooine angekommen, fand Anakin heraus, dass Shmi den Farmer Cliegg Lars geheiratet hatte, der sie aus der Sklaverei befreite. Dann erfuhr er, dass die Sandleute sie entführt hatten. Er machte sich auf die Suche nach ihr, doch er kam zu spät, und sie starb in seinen Armen. Überwältigt von Schmerz und Wut übte Anakin Rache an den Sandleuten.

Heldenhafter Jedi

Anakin wurde zunehmend von seinen Gefühlen gelenkt, hatte sich der dunklen Seite aber noch nicht ganz zugewandt. Als die Republik in die Klonkriege hineingezogen wurde, kämpfte er mutig mit den Jedi.

Die Klonkriege dauerten viele Jahre, und Anakin und Obi-Wan wurden berühmte Helden. Anakin fühlte sich in einer Schlacht erst richtig lebendig und unbändig stark.

Dennoch glaubte Anakin weiterhin, dass die Jedi seine Entwicklung behinderten und nur Palpatine seine Talente förderte. Er zweifelte auch die Richtigkeit der Jedi-Lehren an und glaubte, dass woanders größere Macht war.

Der Schatten des Todes
Padmé wurde schwanger, und Anakin bekam Albträume, in denen sie starb. Er hatte seine Mutter nicht retten können und war entschlossen, Padmé zu retten.

Die dunkle Seite gewinnt

Gegen Ende der Klonkriege wurde Palpatine entführt. Anakin und Obi-Wan eilten ihm zu Hilfe, doch es war eine Falle. Der Sith-Lord Count Dooku wartete auf sie. Er schlug Obi-Wan bewusstlos und begann gegen Anakin zu kämpfen. Palpatine drängte Anakin, Dooku zu töten, und Anakin gab nach.

Dann kehrte er den Jedi den Rücken und schloss sich Palpatine an. Der Wechsel zur dunklen Seite war getan. Er kniete vor Palpatine – seinem neuen Sith-Meister.

Auf Palpatines Befehl hin führte Anakin einen Angriff auf den Jedi-Tempel an.

Anakins Ende

Anakin verließ die Jedi und nahm den Sith-Namen Darth Vader an. Auf Palpatines Befehl hin begann er seine früheren Freunde und Kameraden zu vernichten. Darth Vader glaubte, dass Padmé und Obi-Wan sich gegen ihn verschworen. Er tötete beinahe seine Frau und focht mit dem Lichtschwert gegen Obi-Wan.

Obwohl Wut und die dunkle Seite Darth Vader antrieben, gewann Obi-Wan den furchtbaren Kampf. Vader erlitt starke Verletzungen und Verbrennungen.

Anakin, der Sith
Anakins Augen wurden gelb wie die aller Sith, als er zur dunklen Seite wechselte. Sein Bund mit dem Bösen war nun für alle sichtbar.

Darth Vaders neuer Körper

Darth Vaders Körper schien vollkommen zerstört, doch Palpatine weigerte sich, seinen Schüler aufzugeben. Er brachte Vaders Körper in eine geheime medizinische Einrichtung, wo er mit Cyber-Technologie neu konstruiert wurde. Vader benötigte eine spezielle Atemausrüstung und Lebenserhaltungssysteme, um weiterzuleben.

Unter dem schwarzen Helm und der schwarzen Rüstung schien nichts mehr übrig vom Menschen Anakin. Darth Vader gehörte nun der dunklen Seite.

Palpatine und seine Klontruppen bargen Darth Vaders zerstörten Körper auf dem Vulkanplaneten Mustafar.

Padmés Geheimnis

Padmé brach es das Herz, als sie ihren Mann an die dunkle Seite der Macht verlor. Sie gebar Zwillinge, die sie Luke und Leia nannte. Der treue Jedi-Meister Obi-Wan Kenobi stand ihr zur Seite, doch Padmé wollte ohne Anakin nicht leben.

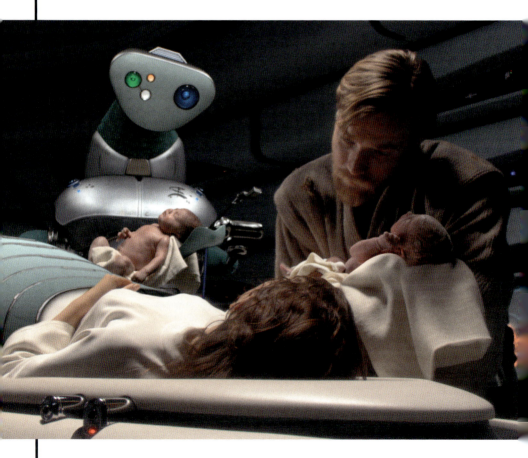

Wieder vereint
Zunächst ahnten Luke und Leia nicht, dass sie Zwillinge waren, aber sie fühlten sich seltsam verbunden. Als sie die Wahrheit entdeckten, waren sie glücklich und nicht völlig überrascht.

Der Jedi-Meister Yoda beschloss, dem Vater seine Kinder zu verheimlichen. Obi-Wan brachte Luke nach Tatooine, wo er bei Shmi Skywalkers Stiefsohn Owen Lars und dessen Frau Beru lebte. Sein Leben auf dem Wüstenplaneten war hart und einsam. Leia brachte man auf den Planeten Alderaan. Obi-Wans Freund Bail Organa adoptierte sie und zog sie als Prinzessin auf. Die Zwillinge wussten nicht voneinander. Sie wussten auch nicht, dass ihr Vater der gefürchtete Sith-Lord Vader war.

Darth Vaders Aufstieg

Die Republik war zerstört, und der böse Palpatine herrschte als Imperator über die Galaxis, mit Vader an seiner Seite. Die Sith-Lords ließen sich durch nichts und niemanden aufhalten. Darth Vaders schreckenerregende Erscheinung, seine tiefe Stimme und sein lautes Atmen flößte Feinden und Verbündeten Furcht ein. Selbst seine eigenen Generäle bekamen Vaders Zorn zu spüren. Und die Kräfte des Sith nahmen noch weiter zu.

Anakin Skywalker war ein mutiger Pilot und ein geschickter Lichtschwert-Kämpfer gewesen, doch die dunkle Seite der Macht entstellte Darth Vaders Charakter. Er würgte Menschen, ohne sie zu berühren, und er konnte die Gedanken und Gefühle anderer lesen.

Bürgerkrieg

Die Sith hatten die Republik und die meisten Jedi vernichtet, doch eine kleine Gruppe Rebellen widersetzte sich mutig dem Imperium. Diese Rebellenallianz hatte ihren Stützpunkt auf dem Planeten Yavin 4. Darth Vader wusste nicht, dass zwei der Rebellen seine Kinder, Luke und Leia, waren.

Der berühmte Jedi-Meister Obi-Wan Kenobi kämpfte erneut gegen seinen ehemaligen Schüler. Diesmal ließ er Darth Vader gewinnen, um Luke zu zeigen, dass der Geist einer Person dank der Macht nach dem Tod weiterlebt.

Folter
Als Darth Vader die Rebellenprinzessin Leia gefangen nahm, folterte er sie, um die Geheimnisse der Rebellen zu erfahren. Er wusste nicht, dass sie seine Tochter war.

Sieg der Rebellen

Der Imperator beschloss, eine Superwaffe, den Todesstern, zu bauen. Er hatte die Größe eines kleinen Mondes und konnte ganze Planeten zerstören. Den Rebellen gelang es, die Pläne für die Waffe zu bekommen, und sie entdeckten, dass sie einen einzigen Fehler hatte.

Ein Lüftungsschacht war ungeschützt. Wenn ein Pilot Torpedos hineinfeuerte, würde eine Kettenreaktion von Explosionen die Waffe vernichten. Die Rebellen sandten Sternenjäger-Staffeln aus, und ihr bester Pilot, Luke Skywalker, hatte die Chance, den Todesstern zu zerstören. Er traf.

Imperiale Flotte

Die Rebellenallianz verfügte nur über wenige Schiffe, die schon die Narben früherer Schlachten trugen. Das Imperium jedoch besaß eine riesige Flotte von Raumschiffen. Am größten und mächtigsten waren die Supersternenzerstörer. Diese Schiffe mit dreizehn Antrieben waren pfeilförmig und mit tödlichen Waffen bestückt.

Der mächtigste Supersternenzerstörer war Darth Vaders Schiff *Executor*. Vader kommandierte die Flotte, doch der Imperator gab seine Befehle per Hologramm.

Executor
Vaders prachtvolles Schiff führte die Imperiale Flotte in viele große Schlachten, bis es von den Rebellen zerstört wurde.

Vaders Rache

Die Zerstörung des ersten Todessterns durch die Rebellen versetzte Darth Vader und den Imperator in größte Wut. Sie ließen einen neuen Todesstern bauen, und Vader suchte die verantwortlichen Rebellen, um sie töten. Seine Sondendroiden durchforsteten jeden Winkel der Galaxis nach der neuen Rebellenbasis. Auf dem Eisplaneten Hoth entdeckte Vader sie.

Vader siegte in der Schlacht von Hoth. Das beste Schiff der Rebellen, den Millennium Falken, *konnte er nicht zerstören.*

Der Sith-Lord begab sich mit der Imperialen Flotte nach Hoth und eröffnete einen tödlichen Angriff. Auf ihrer überstürzten Flucht wurden die Rebellen über die ganze Galaxis verstreut.

Luke Skywalker
Nachdem Luke Skywalker seine Freunde in einer Vision in Gefahr gesehen hatte, floh er in die Wolkenstadt bei dem Gasplaneten Bespin. Dank Meister Yodas Unterricht verfügte er nun über mehr Macht.

Wolkenstadt

Imperator Palpatine hatte Darth Vader schließlich erzählt, wer Luke Skywalker tatsächlich war. Als Darth Vader Luke in der Wolkenstadt eine Falle stellte, suchte er mehr als nur einen aufsässigen Rebellen – er suchte seinen Sohn.

Noch in seinem Lichtschwertduell gegen Vader ahnte Luke nicht, wer hinter der Maske steckt. Der Kampf endete, als Vader Luke die Hand abtrennte. Vader enthüllte Luke, dass er sein Vater sei, und schlug Luke vor, mit ihm die Galaxis zu regieren. Trotz der schmerzenden Wunde war Luke stark in der Macht und widerstand der dunklen Seite.

Vaders Entscheidung

Viele Jahre hatte Darth Vader dem Imperator Palpatine treu gedient. Doch die Begegnung mit seinem Sohn Luke, einem guten, aufrechten Menschen, schien ihn zu verändern. Hatte hinter Vaders Maske ein Rest von Anakin Skywalker überlebt?

Palpatine hatte vorhergesagt, dass Luke sie aufsuchen und der dunklen Seite erliegen würde. Würde Luke schwach, hätte Palpatine recht. Als Vater und Sohn erneut gegeneinander kämpften, fühlte Luke Wut und Hass und kam der dunklen Seite nahe. Im letzten Moment gewann er Kontrolle über seine Gefühle und wandte sich von der dunklen Seite ab. Als Palpatine Luke zornig angriff, kam Anakin Skywalker endlich von der dunklen Seite zurück, um seinen Sohn zu retten.

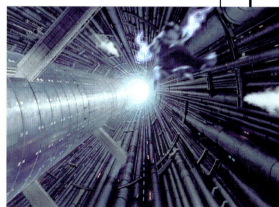

Tod eines Imperators
Als Palpatine Luke mit Machtblitzen folterte, konnte Darth Vader nicht länger zusehen. Er packte seinen Meister und warf ihn in einen abgrundtiefen Reaktorschacht. Der Imperator war tot!

Darth Vaders Tod

Im entscheidenden Moment kehrte Darth Vader aus seinem Albtraum zurück. Luke hatte ihn daran erinnert, dass er einmal der große Jedi Anakin Skywalker gewesen war. Vader erlitt jedoch tödlich Wunden, als er seinen Sohn rettete.

Der sterbende Anakin bat Luke, ihm den Helm abzunehmen, damit er seinen Sohn mit eigenen Augen sehen könnte. Als Anakin starb, ging sein Körper in die Macht über. Luke war traurig über den Tod seines Vaters, aber gleichzeitig auch stolz. Die helle Seite der Macht hatte die dunkle besiegt, und Anakin Skywalker war zurückgekehrt.

Luke verbrannte Vaders Rüstung auf dem Waldmond von Endor. In der ganzen Galaxis feierte man das Ende Palpatines und seines bösen Imperiums.

Wieder ein Jedi
Nach seinem Tod nahm Anakin seinen Platz neben den anderen Jedi-Helden Yoda und Obi-Wan Kenobi ein.

Glossar

Droide
Eine Art Roboter.

Dunkle Seite
Der Teil der Macht, der mit Furcht und Hass verbunden ist.

Galaxis
Gruppe von Millionen Sternen und Planeten.

Helle Seite
Der Teil der Macht, der mit Güte, Mitgefühl und Heilen verbunden ist.

Imperator
Der Anführer eines Imperiums heißt Imperator. Palpatine ist der Imperator des Galaktischen Imperiums.

Imperium
Eine Gruppe von Völker, die von einem Imperator regiert wird.

Jedi-Meister
Die Jedi mit der größten Erfahrung.

Jedi-Orden
Name einer Gruppe, die für Frieden und Gerechtigkeit in der ganzen Galaxis kämpft.

Jedi-Rat
Regierungsorgan des Jedi-Ordens. Die weisesten Jedi wie Yoda sitzen im Rat.

Jedi-Ritter
Star Wars-Krieger mit besonderen Kräften, der das Gute in der Galaxis verteidigt. Anakin Skywalker, Luke Skywalker und Obi-Wan Kenobi sind Jedi-Ritter.

Jedi-Tempel
Jedi-Hauptquartier, wo der Jedi-Rat tagt und Jedi leben, trainieren und arbeiten.

Lichtschwert
Waffe der Jedi und Sith aus glühender Energie.

Die Macht
Energiefeld, das alle Lebewesen erzeugen.

Machtblitz
Eine der Kräfte der Sith, mit der sie tödliche Elektrizität aus ihren Fingern feuern können.

Mission
Besondere Aufgabe.

Padawan
Ein Jedi, der den Umgang mit der Macht lernt.

Rebell
Jemand, der gegen den Herrscher kämpft.

Republik
Eine Gemeinschaft, bei der das Volk seinen Anführer wählt.

Senat
Das Regierungsorgan der Republik.

Senatorin
Ein Mitglied des Senats. Sie wurde durch das Volk gewählt, das sie vertritt.

Sith
Die Feinde der Jedi, die die dunkle Seite der Macht benutzen.

Sklave
Person, die einer anderen Person gehört.

Sternenjäger
Ein kleines, schnelles Raumschiff, das Jedi und andere benutzen.

STAR WARS
EPISCHE SCHLACHTEN

von Simon Beecroft

Welche Seite wählst du?

Jedi-Ritter
Die Jedi nutzen eine geheimnisvolle Energie, die Macht genannt. Sie verteidigen sich mit glühenden Lichtschwertern.

Vor langer Zeit, in einer weit, weit entfernten Galaxis, gab es eine große, friedliche Republik. Jeder Planet, groß oder klein, regierte mit in dem riesigen Senatsgebäude auf dem Hauptplaneten Coruscant. Die Jedi-Ritter kämpften überall für Frieden und Gerechtigkeit. Sie stellten sicher, dass Streitigkeiten zwischen Planeten ohne Gewalt oder Krieg beigelegt wurden.

Kampfdroiden
Die Handelsföderation hat viele Millionen mechanische Soldaten, sogenannte Kampfdroiden, gebaut. Jeder Kampfdroide trägt eine tödliche Blasterwaffe.

Doch der Friede war bedroht. Ein gieriges Unternehmen, die Handelsföderation, gründete eine Armee und begann, Planeten zu erobern, als Erstes die kleine Welt Naboo. Als sich der Konflikt zuspitzte, stellte die Republik ihre eigene Armee auf. Erst als in der Galaxis Krieg herrschte, merkten beide Seiten, dass ein gefährlicher Sith-Lord sie manipuliert hatte!

Sith-Lord
Die Sith besitzen tödliche Kräfte. Der Sith-Lord Darth Sidious plant, die Jedi zu vernichten und sich die Galaxis zu unterwerfen.

Kriegstreiber
Die Handelsföderation und andere gierige Unternehmen nehmen Befehle von den Sith an und attackieren die Republik mit ihren Droidenarmeen.

Dunkle Mächte
Der böse Sith-Lord Darth Sidious, auch bekannt als Imperator Palpatine, blickt unter seinem schwarzen Umhang hervor. Er wird flankiert von seinem treuen Diener Darth Vader, seinen Wachen in roten Umhängen und Sturmtrupplern in weißen Rüstungen.

Die Sith waren die habgierigsten Wesen der Galaxis. Ihr Anführer hieß Darth Sidious, und er kontrollierte heimlich die Handelsföderation. Er wollte, dass sie einen Krieg begann, der ihn zum mächtigen Imperator machen würde. Indem er vorgab, der freundliche Senator Palpatine zu sein, täuschte er alle. Palpatine wurde Oberster Kanzler, übernahm die Kontrolle über die Armee der Republik und unterwarf sich alle Planeten.

Wenige mutige Menschen weigerten sich, Palpatines böses Imperium zu akzeptieren. Diese sogenannte Rebellenallianz machte es sich zur Aufgabe, die Galaxis zu befreien.

Dies ist die Geschichte vom Aufstieg und Sturz des Imperators durch die mutigen Rebellen, von Schlachten an Land und im Weltraum, tödlichen Duellen und Kämpfen mit Bestien.

Gedungene Helfer
Sith-Lords heuern oft Mörder, Spione und Kopfgeldjäger an, die die schmutzige Arbeit für sie erledigen. Kopfgeldjäger sind geschickte Jäger, die Menschen für Geld kidnappen.

Kampfbereite Rebellen
Luke Skywalker, seine Zwillingsschwester Prinzessin Leia, Han Solo und der Wookiee Chewbacca kämpfen auf Seiten der Rebellenallianz.

Schlachten an Land

Feige Anführer
Die Anführer der Handelsföderation landen erst auf Naboo, nachdem ihre Kampfdroiden den Königspalast erobert haben.

In der Galaxis brach erstmals Gewalt aus, als die Handelsföderation auf Naboo einmarschierte. Dieser friedliche Planet war Heimat der Naboo und einem im Wasser lebenden Volk, den Gungans. Zwei Jedi wurden gesandt, um das Ereignis zu untersuchen: Qui-Gon Jinn und Obi-Wan Kenobi. Mithilfe der Gungans retteten die Jedi Padmé Amidala, die Königin der Naboo.

Die Jedi brachten Königin Amidala nach Coruscant und forderten Hilfe vom Senat. Doch der Senat redete, handelte aber nicht. Amidala musste ihren Planeten selbst befreien!

Sie und die Jedi kehrten nach Naboo zurück und kämpften sich zum Hangar mit ihren Raumschiffen vor. Dann führte Amidala gegen viele Kampfdroiden einen Angriff auf den Palast an. Woanders bekämpften die Gungans eine Kampfdroidenarmee. Nun mussten die Naboo-Piloten das Schiff der Handelsföderation zerstören, das die Kampfdroiden steuerte.

Schlagkräftig
Qui-Gon schlitzt einen Kampfdroiden auf, während er Königin Amidala zur Flucht verhilft.

Stark bewaffnet
Droidekas sind noch tödlicher als Kampfdroiden. Sie verfügen über Zwillingsblaster.

Rückkehr nach Naboo
Qui-Gon Jinn und Obi-Wan Kenobi führen die Rückeroberung von Königin Amidalas Palast an.

Gungan-Soldaten stehen der mächtigen Droidenarmee der Handelsföderation gegenüber.

Boss Nass
Königin Amidala bittet den Gungan-Herrscher Boss Nass um Unterstützung gegen die Angreifer.

Die tödliche Landschlacht zwischen der Gungan-Armee und den dichten Reihen der Kampfdroiden fand auf einer offenen Grasebene statt. Zuerst gingen die Gungans sehr klug vor. Sie aktivierten Spezialmaschinen, die von riesigen Sumpfechsen getragen wurden. Damit erzeugten sie eine Energieblase, die die Gungan-Armee vor Hochgeschwindigkeits-Raketen schützte.

Doch die Kampfdroiden drangen in den Schutzschild der Gungans ein. Nun bekämpften sich die Armeen innerhalb des Schilds. Die mutigen Gungans hatten keine Chance gegen den endlosen Ansturm von Kampfdroiden. Erst in einer Weltraumschlacht über Naboo wurde die Droidenarmee ausgeschaltet.

Fernglas

Atlatl

Cesta

Energieschilde
Gungan-Soldaten schützen sich in der Schlacht mit leuchtenden Energieschilden gegen die von Kampfdroiden abgefeuerten Blasterschüsse.

Kriegswaffen
Gungans benutzen ungewöhnliche Waffen, die Kugeln mit explosiver Energie, Plasma genannt, abfeuern. Diese schleudern sie mit Katapulten und Wurfstöcken, den Atlatls, in die Luft.

Neuer Anführer
Die Herrscher der Neimoidianer bekommen einen mächtigen neuen Verbündeten, den ehemaligen Jedi Count Dooku.

Droiden auf Rädern
Bedrohliche Feuerhagel-Droiden rollen auf riesigen Rädern in die Schlacht, während Kanonenboote einen Luftschlag vorbereiten.

Als die Republik erfuhr, dass ihre Feinde riesige Droidenarmeen produzierten, wurde sie dazu gebracht, sich mit einer fertigen Armee aus Millionen Klonsoldaten zu verteidigen, von denen jeder eine identische Kopie eines ausgewählten Kriegers war. Die hastig aufgestellte Armee kämpfte erstmals auf dem Planeten Geonosis.

Jedi-Generäle
In der Schlacht von Geonosis müssen Yoda und viele Jedi erstmals Generäle einer Armee werden.

Vorhut
Klontruppen schießen den Weg zum Feind frei. Spezielle Sichtsysteme helfen ihnen, durch den dichten Rauch auf dem Schlachtfeld zu schauen.

Die Droidenarmeen griffen die Jedi in einer großen Arena auf Geonosis an. Als die Klontruppen unter Jedi-Meister Yoda in das Gefecht eingriffen, weitete sich die Schlacht aus. Viele Jedi und Klonsoldaten starben, aber schließlich zogen sich die Droiden und ihre Herren zurück. Dies war die erste Schlacht der berühmten Klonkriege.

Tarfful
Einer der Wookiee-Anführer heißt Tarfful. Als die Klontruppen, Radpanzer und Kampfläufer der Republik gegen die Droiden in den Kampf ziehen, sind Tarfful und die Wookiees an ihrer Seite.

Überall griffen Droidenarmeen an. Eine der größten Schlachten ereignete sich auf Kashyyyk. Dieser Planet war die Heimat der großen, fellbesetzten Wookiees. Sie und die Armee der Republik kämpften an Land und auf dem Meer. Doch als der Sieg greifbar schien, ging alles schief. Die Republik wusste nicht, dass ihre Klonsoldaten einer Gehirnwäsche unterzogen worden waren und auf ein bestimmtes Signal hin die Seite wechseln sollten.

Kaum erhielten die Klone das Signal, Order 66, wandten sie die Waffen gegen ihre Jedi-Generäle und nahmen nur von den Sith Befehle an. Als Darth Sidious Imperator wurde, machte er die Klonsoldaten zu seiner persönlichen Armee, den Sturmtruppen. Das Imperium war geboren.

Panzer rollen ein
Viele Panzer der Handelsföderation, die seitlich Kampfdroiden befördern, rollen in Kashyyyk über Wasser und Land.

Morde
Als das Signal der Sith eintrifft, greifen die Klon-Kommandanten die Jedi an. Fast alle Jedi-Anführer werden getötet. Aayla Secura wird in einem Kampf auf dem Pilzwald-Planeten Felucia ermordet.

Panzer auf Beinen
Die furchterregenden laufenden Panzer des Imperiums, AT-ATs genannt, rücken durch den Schnee in Richtung Rebellenbasis vor.

Auch an Land fanden zur Zeit des Imperiums große Schlachten statt. Viele schlossen sich mutig der Rebellenallianz im Kampf gegen das Imperium an, obwohl sie nur wenige Waffen, Fahrzeuge und andere Mittel hatte. Der Imperator und Darth Vade setzten die Militärmacht des Imperiums vor allem gegen die Rebellen ein.

Frontlinie
Die Rebellen versuchen, die AT-ATs mit ihren schweren Geschützen aufzuhalten.

Hangar der Rebellen
Die Rebellenbasis ist eine Eishöhle mit einem riesigen Hangar für Fahrzeuge.

Darth Vader fand heraus, dass die Rebellen eine geheime Basis auf dem Eisplaneten Hoth errichtet hatten. Seine Truppen griffen sie mit großer Gewalt an. Er schickte riesige, laufende Panzer, AT-ATs genannt. Die Rebellen konnten sie eine Zeit lang abwehren und zwei von ihnen sogar zerstören, mussten aber schließlich fliehen und ein anderes Versteck finden.

Vader kommt
Darth Vader betritt die Rebellenbasis, nun eine rauchende Ruine. Die ihn flankierenden Sturmtruppen sind für Missionen bei Minusgraden gerüstet.

Scouttruppen
Imperiale Scouttruppen auf fliegenden Düsenschlitten spüren die Rebellen auf, als sie auf Endor landen.

Nach der Niederlage von Hoth versteckten sich die Rebellen in der ganzen Galaxis. Palpatine heckte einen Plan aus, um sie hervorzulocken. Er hatte einmal eine Superwaffe, den Todesstern, gebaut, den die Rebellen zerstört hatten. Nun baute er einen zweiten Todesstern, wusste aber, dass die Rebellen ihn angreifen würden. Dann könnte er ihre Flotte hochjagen.

Schlacht im Wald
Sturmtruppen, unterstützt durch einen AT-ST-Läufer, im Kampf mit Han und Chewbacca.

Der Todesstern wurde durch einen Schildgenerator auf dem Waldmond Endor geschützt. Eine Rebellengruppe, angeführt von Luke Skywalker, Prinzessin Leia, Han Solo und Chewbacca, flog nach Endor, um ihn zu zerstören. Die Rebellen standen einer großen imperialen Armee gegenüber, wurden aber von den heimischen Ewoks unterstützt. Nach Zerstörung des Schildgenerators konnten sie den Todesstern angreifen.

Ewok-Angriff
Kleine, aber entschlossene Ewoks schleudern bei ihrem gut geplanten Angriff Steine auf die Sturmtruppler.

Rebellenteam
Han bricht in den Bunker mit dem Generator ein, während Leia anrückende Sturmtruppen abwehrt.

Weltraumschlachten

Viele große Schlachten der Galaxis fanden im Weltraum statt.

Als die Handelsföderation auf Naboo einfiel, umkreisten ihre riesigen Raumschiffe den Planeten. Während der Konflikt am Boden tobte, konnten eine Handvoll Naboo-Schiffe abheben und sich den Schlachtschiffen nähern.

Gefürchtete Flotte
Tödliche Geierdroiden der Handelsföderation verlassen das ringförmige Droidenkontrollschiff.

Jungpilot
Anakin wird in die Schlacht hineingezogen, als der Autopilot des Sternenjägers, in dem er sich versteckt, aktiv wird.

Eines der Naboo-Schiffe wurde – zuerst versehentlich – von dem neunjährigen Anakin Skywalker geflogen. Anakin hatte Jedi-Kräfte und war ein herausragender Pilot, obwohl er nie zuvor ein Raumschiff geflogen hatte. Es gelang ihm, in das Droidenkontrollschiff der Handelsföderation einzudringen, den Reaktorraum mit Torpedos zu beschießen und zu fliehen, als das Schiff explodierte. Diese Heldentat rettete Naboo.

Schnell reagiert
Sternenjäger weichen tödlichen Laserschüssen aus.

Weggesprengt
Das Kontrollschiff befehligt die Kampfdroiden. Als es zerstört ist, hören die Droiden auf zu kämpfen.

Nahkampf
Ein Naboo-Sternenjäger weicht einem Treffer knapp aus, als das Droidenkontrollschiff auf anfliegende Naboo-Schiffe feuert.

Jedi-Team
Anakin und Obi-Wan fliegen in ihren schnellen Abfangjägern Seite an Seite.

Heuchler
Als die Jedi Palpatine zu Hilfe eilen, wissen sie nicht, dass er in Wahrheit ein Sith-Lord ist, der plant, die demokratische Republik zu zerstören.

Die Weltraumschlacht über Naboo war nur der Anfang. Das Schlimmste sollte noch kommen. Ein richtiger Krieg brach zwischen der Republik und den Droidenarmeen aus. Ihre Kriegsflotten begegneten sich in einem gigantischen Konflikt über Coruscant. Der Anführer der Republik, der Oberste Kanzler Palpatine, war entführt worden, und zwei Jedi eilten zu seiner Rettung: Obi-Wan Kenobi und Anakin Skywalker.

Direkter Treffer
Beide Seiten verloren mehrere Raumschiffe in der explosiven Raumschlacht über Coruscant.

Feindfeuer ausweichend, landeten die Jedi auf dem Kreuzer mit dem entführten Palpatine. Nach seiner Befreiung musste Anakin eine Bruchlandung hinlegen, da ein Schiff den Kreuzer zerfetzt hatte.

Klein, aber gefährlich
Kleine Buzz-Droiden klammern sich an Obi-Wans Schiff und zerstören es mit ihren Schneidarmen.

Tödlicher Himmel
Kriegsschiffe der Republik kämpfen in der über Coruscant tobenden Schlacht gegen kleine und große Droidenjäger.

Besonderes Schiff
Jango fliegt eines der gefährlichsten Schiffe der Galaxis, *Sklave I*. Es ist mit Waffen und tödlichen Überraschungen bestückt.

Junger Verbündeter
Jango Fetts Sohn Boba fliegt mit seinem Vater in der *Sklave I* und lernt von ihm.

An manchen Weltraumschlachten, wie an der über Coruscant, waren viele Schiffe beteiligt. Manchmal bekämpften sich auch nur zwei Schiffe im Nahkampf-Duell. Als Obi-Wan dem Schurken Jango Fett auf der Spur war, führte ihn seine Verfolgungsjagd in ein gefährliches Asteroidenfeld. Eine Kollision mit einem der schwebenden Felsen wäre tödlich gewesen. Um Obi-Wan loszuwerden, feuerte

Jango auf Felsen in der Nähe des Jedi. Obi-Wan, ein geschickter Pilot, wich jeder Gefahr aus. Dann lenkte Jango sein Schiff um einen Asteroiden herum, sodass er nun Obi-Wan verfolgte. Er feuerte eine Sucher-Rakete ab, doch Obi-Wan täuschte die Explosion seines Schiffs vor. Jango hielt Obi-Wan für tot, aber der gerissene Jedi versteckte sich hinter einem der Asteroiden.

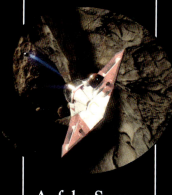

Auf der Spur
Sucher-Raketen können sich an sehr schnelle Objekte heften und sind nur schwer abzuschütteln.

Jedi-Pilot
Auch wenn Obi-Wan sagt, er sei nicht darauf versessen zu fliegen, ist er ein überragender Pilot.

Treues Schiff
Der *Falke* trägt die Narben zahlreicher Weltraumabenteuer.

Ein weiteres Schiff, das in vielen Schlachten aktiv war, ist der *Millennium Falke*. Der von Han Solo und Chewbacca gelenkte Frachter konnte fast jedem feindlichen Schiff entkommen. Wenn es Schwierigkeiten gab, konnte der *Falke* auf Lichtgeschwindigkeit umschalten, sofort verschwinden und weit entfernt wieder auftauchen.

Eingekesselt
Ein riesiger Sternenzerstörer jagt den *Falken*, während imperiale TIE-Jäger Laser auf ihn feuern.

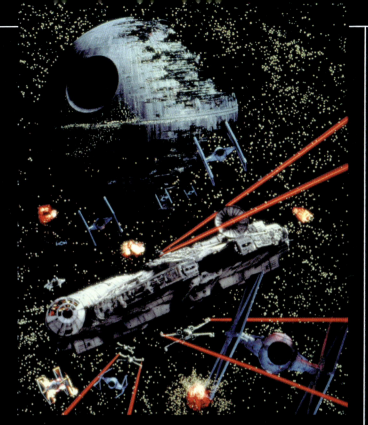

Heißes Gefecht
Der von Lando Calrissian, Hans altem Freund und Rivalen, gesteuerte *Falke* weicht imperialen Jägern beim zweiten Todesstern aus.

Teufelskerl
Han Solo war einmal ein gewissenloser Schmuggler. Dann schloss er sich der Rebellenallianz an und heiratete schließlich sogar Prinzessin Leia.

Han Solo flog mit dem *Falken* viele mutige Angriffe gegen die imperiale Flotte. Einmal landete er auf dem Rumpf eines gigantischen imperialen Sternenzerstörers, um dessen Radar zu entgehen. Einmal flog er, scheinbar in selbstmörderischer Absicht, in ein Asteroidenfeld, um die imperialen Jäger abzuschütteln. Der mutige Plan rettete sein Leben.

Schlachten der Rebellen

Todesstern
Der Todesstern von der Größe eines Mondes besaß genug Waffen, um einen Planeten zu zerstören.

Schlagkraft
Rebellen in X- und Y-Flügel-Jägern fliegen von ihrer Basis auf Yavin 4 zum Todesstern.

Trotz ihrer hoffnungslos unterlegenen Ausrüstung war die Rebellenallianz entschlossen, die Gewaltherrschaft des Imperiums zu bekämpfen. Das Imperium besaß eine riesige Weltraumflotte, die Allianz nur wenige Sternenjäger mit starken Kampfspuren.

Die Allianz erfuhr, dass das Imperium eine gigantische Kampfstation gebaut hatte: den Todesstern. Gestohlene Pläne zeigten eine Sicherheitslücke: Könnten die Rebellen einen Torpedo in einen Lüftungsschacht schießen, würde eine Kettenreaktion

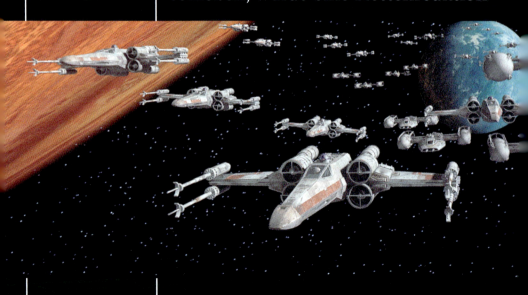

Rebellenpilot
Ruhig und konzentriert führt Luke in seinem Sternenjäger den Angriff auf den Todesstern an.

den Todesstern zerstören. Die Rebellen starteten von ihrer Basis auf dem Planeten Yavin 4 aus einen kühnen Angriff auf den Todesstern. Das Imperium war darauf nicht gefasst. Ein Rebellenpilot vermochte das Ziel zu treffen: Luke Skywalker. Der Todesstern explodierte – und die Rebellen feierten ihren ersten großen Sieg gegen das Imperium.

Feindliche Schiffe
Zwei imperiale Schiffe jagen die Rebellen durch einen engen Graben auf dem Todesstern.

Volltreffer
Luke feuert in den Lüftungsschacht, der mitten in den riesigen Todesstern-Reaktor führt.

Anführer der Rebellen
Admiral Ackbar ist loyaler Kommandant der Rebellenflotte in der Schlacht von Endor.

Die Schlacht tobt um den halb fertigen Todesstern.

Die Schlacht von Endor entschied den Kampf zwischen den Rebellen und dem Imperium. Zum Teil wurde sie über dem Waldmond von Endor ausgetragen, wo das Imperium einen zweiten Todesstern baute. Während eine Rebellengruppe auf dem Mond von Endor landete, um den Schildgenerator zu zerstören, der den Todesstern schützte, kam die Rebellenflotte aus ihrem Versteck und begann einen

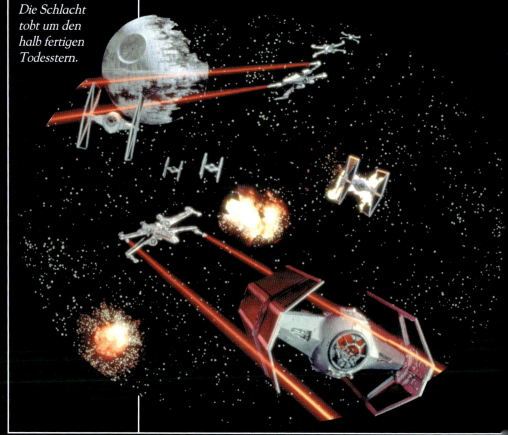

Ein Rebellenschiff kracht in die Brücke eines imperialen Sternenzerstörers. In Formation: B-Flügel-Jäger der Rebellen.

letzten Vernichtungsschlag. Sie zielte auf die imperialen Sternenzerstörer und hoffte, der Todesstern würde sein Feuer zurückhalten, um nicht die eigenen Schiffe zu treffen. Der Kampf wendete sich, als ein Rebellenschiff in einen Supersternenzerstörer krachte. Als der Schild zerstört war, konnten Rebellen den Todesstern durch Explosion seines Hauptreaktors sprengen.

Direkter Angriff Der *Millennium Falke* flog durch den Überbau des Todessterns, um auf den Reaktor der Kampfstation zu feuern.

Lichtschwert-Kämpfe

Seit jeher hatten die Jedi das Lichtschwert als Waffe. Bis die Sith aus dem Verborgenen auftauchten, benutzten die Jedi ihre Lichtschwerter nur zur Verteidigung gegen Blaster und andere Waffen. Aber auch die Sith hatten Lichtschwerter. Nun hatten die Jedi Gegner, die mit ihren traditionellen Waffen kämpften.

Überraschungsangriff
Darth Maul erscheint erstmals auf dem Wüstenplaneten Tatooine. Er überfällt den Jedi Qui-Gon Jinn.

Sith-Gegner
Auf Naboo halten zwei geschickte Jedi Darth Maul mit seinem doppelten Lichtschwert kaum in Schach.

Mit einem Sprung weicht Obi-Wan einer flachen Parade von Mauls glühendem Lichtschwert aus.

Letzter Schlag
Qui-Gons Kampf gegen Maul endet für ihn tödlich.

Jedi in Gefahr
Am Rand eines tiefen Schachts triumphiert Maul fast über Obi-Wan. Doch der Jedi gibt nicht auf, bis er den grimmigen Sith besiegt hat.

In der Schlacht von Naboo erschien Darth Sidious' Sith-Schüler Darth Maul. Sein Aussehen mit Gesichtstattoos, gelben Augen und mehreren Hörnern war furchterregend. Er attackierte die Jedi Qui-Gon Jinn und Obi-Wan Kenobi. Qui-Gon tötete er. Obi-Wan war verzweifelt, kämpfte aber weiter, bis er den bösen Sith besiegt hatte.

Sith-Klinge
Die Klinge von Dookus Lichtschwert ist wie die aller Sith rot.

Jedi in Fesseln
Auf Geonosis will Count Dooku, dass Obi-Wan sich den Sith anschließt.

Nach Darth Mauls Tod musste der Sith-Lord Darth Sidious einen neuen Schüler ausbilden. Seine Wahl fiel auf den früheren Jedi Count Dooku. Der elegante, herrische Dooku verließ den Jedi-Orden, um Sith zu werden. Sidious lehrte ihn, die zerstörerische dunkle Seite der Macht zu nutzen.

In der Schlacht von Geonosis kämpfte Dooku gegen den großen Jedi-Meister Yoda. Ihr Kampf war ein Wirbel von Lichtschwert-Schlägen. Mithilfe der Macht warf Dooku riesige Objekte.

Jedi gegen Sith
Die Jedi kämpfen an Bord des Kreuzers gegen Dooku.

Diesmal entkam Dooku.

Dann traf Dooku auf dem Kreuzer, wo Palpatine (in Wahrheit Darth Sidious) gefangen saß, auf Obi-Wan und Anakin. Dooku schlug Obi-Wan bewusstlos. Doch er ahnte nichts von Sidious' Plan: Anakin sollte Dooku töten und ihn als neuen Sith-Schüler ersetzen.

Schlechter Einfluss
Palpatine ermutigt Anakin, seiner Wut freien Lauf zu lassen und Dooku zu töten – für einen Jedi undenkbar.

Count Dooku war nicht der einzige das Lichtschwert führende Feind, auf den die Jedi in den Klonkriegen trafen. Sie kämpften auch gegen eine Kreatur, halb Maschine, halb Lebewesen: Grievous, den General der Droidenarmee. Auch er hatte von Count Dooku den Lichtschwertkampf erlernt. Er stahl die Schwerter der Jedi, die er getötet hatte, und hoffte, die Waffen Obi-Wans und Anakins seiner Sammlung hinzufügen zu können.

Tödlicher General
Auf Utapau stellt Obi-Wan fest, dass General Grievous ein gefährlicher Gegner im Lichtschwertkampf ist.

Verfolgungsjagd auf Utapau
Grievous auf seinem Radgleiter und Obi-Wan auf einem schnellen Varactyl im Schlagabtausch.

Rasender Feind
Grievous' zwei Arme können sich in vier aufspalten, sodass die Jedi noch mehr Lichtschwerter abwehren müssen.

Doch nicht diesmal! Die mutigen Jedi wehrten Grievous' Wachen ab und entkamen den Klauen des Generals. Grievous und Obi-Wan trafen auf dem Planeten Utapau wieder aufeinander. Mit vier Lichtschwertern startete Grievous einen brutalen Angriff. Eine Jagd über den Planeten endete mit Grievous' dramatischem Tod in einem Feuerball.

Explosives Ende
Obi-Wan feuert mit einem Blaster Schüsse, die Grievous explodieren lassen.

Verloren
Auf dem Vulkanplaneten Mustafar erkennt Obi-Wan, dass Anakin kein Jedi mehr ist.

Sith-Gegner
Anakin, der nun Darth Vader heißt, entfesselt seine Sith-Kräfte gegen Obi-Wan Kenobi.

Seit der ersten Begegnung mit Anakin Skywalker wusste Senator Palpatine, dass der junge Jedi große Kräfte besaß. Er bemerkte auch Anakins unbändige Gefühle und erkannte, dass er für die Sith gewonnen werden konnte. Nachdem er Anakin ermutigt hatte, Dooku zu töten, verriet Palpatine, dass er ein Sith war. Anakin schloss sich ihm an und wurde Darth Vader. Palpatine redete Vader ein, Obi-Wan hasse ihn.

Anakins Augen glühen vor Zorn, als Obi-Wan ihn im Kampf bezwingt.

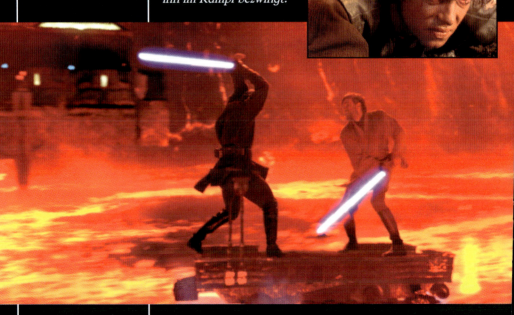

Darth Vader und Obi-Wan duellierten sich auf dem Vulkanplaneten Mustafar. Obi-Wan siegte und überließ Vader dem Tod. Doch Imperator Palpatine stellte Vader in einer schwarzen Rüstung wieder her, und Vader nahm den Platz neben ihm ein.

Darth Vader kämpfte noch einmal gegen Obi-Wan und tötete ihn. Erst als er gegen seinen eigenen Sohn vorging, konnte Vader der dunklen Seite und den Sith den Rücken kehren.

Letzter Kampf
Vader und Obi-Wan in ihrem letzten Duell auf dem ersten Todesstern.

Vater gegen Sohn
Vader will, dass sein Sohn Luke Sith wird, doch der weigert sich.

Grausamer Meister
Palpatine erfreut sich am Kampf zwischen seinem Sith-Komplizen Dooku und seinem zukünftigen Helfer Anakin.

Die Maske fällt
Palpatine zeigt im Lichtschwertstreit mit Mace Windu seine Sith-Kampfkunst.

Lange Zeit hieß der böseste Sith-Lord der Galaxis Palpatine. Während er vorgab, ein Freund der Republik zu sein, plante er heimlich einen Krieg, der ihn zum grausamen Herrscher der Galaxis machte.

Die Jedi merkten zu spät, dass Palpatine der Sith-Lord Darth Sidious war. Der hochrangige Jedi-Meister Mace Windu starb bei dem Versuch, den Sith-Intriganten aufzuhalten.

Palpatine hielt sein Sith-Lichtschwert versteckt, bis Mace ihn stellte.

Auch Yoda konnte den Imperator im Lichtschwertkampf nicht besiegen. Am Ende schlug sich Sidious' Verbündeter, Darth Vader, auf die Seite seines Sohns Luke Skywalker. Er wandte sich gegen seinen Meister und stieß Imperator Palpatine in den Tod.

Machtkampf
Zwei mächtige Herrscher über die helle und die dunkle Seite der Macht treffen in einem spektakulären Duell im Senatsgebäude auf Coruscant aufeinander.

Blitzschläge
Sidious feuert tödliche Sith-Blitze auf Luke. Doch Vader will nicht zulassen, dass sein Sohn stirbt.

Berühmte Duelle

Feind im Anflug
Dank seines Jetpacks kann Jango auf Kamino über Obi-Wan schweben.

Todesstoß
In der Arena-Schlacht auf Geonosis versetzt der Jedi Mace Windu Jango den tödlichen Schlag.

Jango muss feststellen, dass Obi-Wan mit einem Blaster schwer zu treffen ist.

Auch vor den Klonkriegen war die Galaxis nicht ganz friedlich. Viele Kriminelle führten ein gutes Leben, darunter Kopfgeldjäger, die Menschen gegen Geld fingen oder angriffen. Der beste Kopfgeldjäger der Galaxis war Jango Fett. Er trug eine schnittige Rüstung und viele Waffen. Auf dem Wasserplaneten Kamino kam es zum Kampf gegen Obi-Wan.

Jango konnte entkommen. Doch die Schlacht von Geonosis sollte sein Ende sein. Im Kampf streckte Mace Windu Jango mit einem kräftigen Stoß seines Lichtschwerts nieder.

Jangos Sohn Boba sah, wie sein Vater starb. Boba wurde Kopfgeldjäger, gleich seinem Vater, und arbeitete unter anderem für Darth Vader und den berüchtigten Gangster Jabba den Hutt. Mit Vaders Hilfe ergriff Boba Han Solo und lieferte ihn an Jabba aus, dem Han noch Geld schuldete. In einem harten Kampf befreiten Luke Skywalker und seine Freunde Han aus Jabbas Gewalt.

Kampferprobt
Boba Fett erlebte viele berühmte Showdowns in seiner Karriere als Kopfgeldjäger, doch in Jabbas Palast trifft er auf einen ebenbürtigen Gegner.

Gefährliches Duell
Boba kämpft gegen Luke. Ein glücklicher Treffer von Han schlägt den Kopfgeldjäger k.o.

Auftritt der Bestie
Der dreihörnige Reek, der dem Leben der menschlichen Gefangenen ein Ende setzen soll, betritt die Arena auf Geonosis.

Jedi-Ritter, Rebellen und andere Verteidiger der Freiheit in der Galaxis haben viele Entscheidungskämpfe mit Kopfgeldjägern, Mördern und ruchlosen Gangstern erlebt. Sie standen auch einigen albtraumhaften Bestien gegenüber.

Auf dem Planeten Geonosis wurden Obi-Wan, Anakin und Padmé Amidala zur öffentlichen Hinrichtung durch wilde Bestien verurteilt.

Zähneblecken
Ein Soldat reizt den Nexu in der Arena mit Speerstichen. Dieser bleckt angesichts des Frischfleischs die Zähne.

Obi-Wan steht in der Arena von Geonosis dem schrecklichen Acklay gegenüber.

Der blutrünstige Acklay lief auf drei Paar riesigen Scheren. Der Reek konnte mit drei spitzen Hörnern auf dem Kopf Gegner aufspießen. Der Nexu hatte zahlreiche scharfe Zähne. Obi-Wan streckte den Acklay mit seinem Lichtschwert nieder. Anakin sprang dem Reek auf den Rücken und ließ ihn in den Nexu krachen.

Rancor-Bestie
In Jabbas Palast wird die Rancor-Bestie aus dem Käfig freigelassen und auf Luke Skywalker gehetzt, ist dem Jedi aber heillos unterlegen.

Jabbas Ende
Der riesige, schneckenartige Gangster Jabba der Hutt findet durch Prinzessin Leia den Tod.

Eine neue Ära

Endlich – Sieg der Rebellenallianz! Der Tod von Imperator Palpatine und Darth Vader und die Zerstörung des zweiten Todessterns bedeuteten das Ende des Imperiums. Bald waren Friede und Gerechtigkeit in der Galaxis wieder hergestellt. Die gute Nachricht verbreitete sich schnell, und die Menschen jubelten.

Vater und Sohn vereint
Luke sieht zum ersten Mal das wahre Gesicht seines Vaters, das unter Darth Vaders Helm verborgen war.

Feier im Wald
In den Wäldern von Endor feiern Rebellen und Ewoks die Zerstörung des schrecklichen zweiten Todessterns, der ihr Leben bedroht hatte.

Die Rebellenallianz gründete eine Neue Republik, die das Imperium ersetzte. Doch es gab noch Probleme. Hunderte von Planeten, die sich dem Imperator unterworfen hatten, begehrten auf. Viele treue imperiale Offiziere griffen die Neue Republik mit Resten der imperialen Flotte an. Für Luke Skywalker, Han Solo, Prinzessin Leia und ihre Verbündeten hatte eine neue Ära begonnen, doch der epische Kampf ging weiter.

Gute Zeiten
Über den gigantischen Wolkenkratzern von Coruscant erstrahlt ein Feuerwerk am Himmel, mit dem die Niederlage des Imperiums des Bösen gefeiert wird.

Glossar

Alien
Wesen aus dem Weltraum.

Asteroid
Felsen, der im Weltraum schwebt.

Blaster
Waffe, die einen tödlichen Lichtstrahl schießt.

Dunkle Seite
Der Teil der Macht, der mit Angst und Hass verbunden ist.

Galaxis
Gruppe von Millionen Sternen und Planeten.

Helle Seite
Teil der Macht, der mit Güte, Mitgefühl und Heilen verbunden ist.

Imperator
Der Anführer eines Imperiums. Palpatine ist der Imperator des galaktischen Imperiums.

Imperium
Eine Gruppe von Völkern, die von einem Imperator regiert wird.

Jedi-Meister
Hoher Jedi, der die Macht kunstvoll beherrscht.

Jedi-Orden
Name einer Gruppe, die für Frieden und Gerechtigkeit in der Galaxis kämpft.

Jedi-Ritter
Star Wars-Krieger mit besonderen Kräften, der das Gute in der Galaxis verteidigt.

Klon
Eine exakte Kopie einer anderen Person.

Lichtgeschwindigkeit
Spezielle Art zu reisen, mit der ein Raumschiff im Nu riesige Entfernungen bewältigen kann.

Lichtschwert
Waffe der Jedi und Sith mit einer Klinge aus glühender Energie.

Die Macht
Energiefeld, das alle Lebewesen erzeugen.

Machtblitz
Eine Sith-Kraft, mit der sie tödliche Elektrizität aus den Fingern feuern.

Parade
Abwehr eines Lichtschwerts oder anderer schwertartiger Waffen.

Reaktor
Vorrichtung in Raumschiffen, die Energie zur Fortbewegung erzeugt.

Rebell
Jemand, der sich gegen die Regierung oder den Herrscher erhebt.

Republik
Gemeinschaft, bei der das Volk seine Anführer wählt.

Schild
Unsichtbare Schutzhülle um ein Raumschiff, einen Planeten oder ein anderes Objekt.

Senat
Das Regierungsorgan der Republik.

Senator
Ein Mitglied des Senats. Er wurde durch das Volk gewählt, das er vertritt.

Sith
Die Feinde der Jedi, die dunkle Seite der Macht benutzen.

Todesstern
Superwaffe von der Größe eines Mondes, die vom Imperium entwickelt wurde.

STAR WARS
HÜTE DICH VOR DER DUNKLEN SEITE

von Simon Beecroft

Gesichter des Bösen

Die Macht
Die Macht ist eine unsichtbare Energie, die von allen Lebewesen erzeugt wird. Wenige Menschen mit besonderen Kräften können sie kontrollieren. Diese vorwiegend gute Energie hat eine dunkle Seite, die für böse Zwecke missbraucht werden kann.

Vor langer Zeit herrschte in der Galaxis ein Bösewicht namens Darth Sidious. Er war auch als Imperator Palpatine bekannt. Mit Furcht, Korruption und der dunklen Seite der Macht beherrschte er sein böses Imperium.

Darth Sidious' besondere Fähigkeiten haben ihn sehr mächtig gemacht.

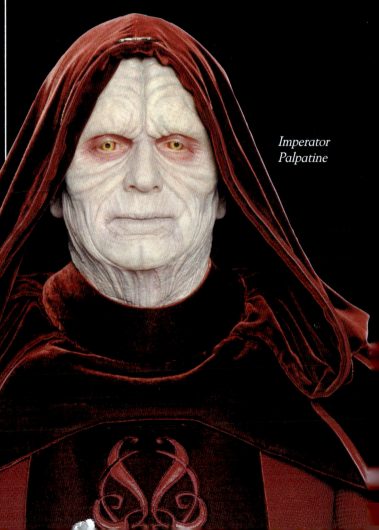

Imperator Palpatine

Mit der dunklen Seite der Macht kontrollierte er die Geschehnisse und die Gedanken der Menschen. Er nutzte sie auch, um schwere Gegenstände mit Gedankenkraft zu werfen und tödliche Blitze aus seinen Fingern zu feuern.

Auf diesen Seiten begegnest du vielen Bösewichten, die die dunkle Seite für schreckliche Dinge benutzten, und Schurken, die die Macht nicht benutzten, aber der dunklen Seite dienten. Du triffst aber auch mutige Menschen, die gegen die dunkle Seite zu kämpfen wagten.

Der Jedi-Orden
Jedi-Meister Obi-Wan Kenobi hat einmal gesagt, dass die Macht „uns umgibt, uns durchdringt und die Galaxis zusammenhält". Die Jedi widmen ihr Leben der Nutzung der Macht für gute Zwecke. Sie schützen Lebewesen und erhalten den Frieden in der Galaxis.

Sith-Lord

Darth Sidious war ein Sith-Lord. Die Sith gab es bereits seit vielen Jahrhunderten. Der erste Sith war ein Jedi, der sich der dunklen Seite zuwandte. Andere folgten ihm. Gemeinsam versuchten sie, die Jedi zu vernichten. Die Sith töteten sich sogar gegenseitig, weil sie so voller Hass und Bosheit waren. Die Jedi glaubten, sie hätten die Sith vernichtet, doch einer hatte überlebt. Er nahm sich eine Schülerin und verbarg sich. Seitdem planten die Sith ihre Rache an den Jedi.

Lichtschwerter der Sith
Jeder Jedi baut sich seine Waffe, ein Lichtschwert, selbst. Es besteht aus glühenden Energiekristallen. Die Klingen der Sith-Lichtschwerter sind in der Regel rot.

Die Sith waren die meistgefürchteten Feinde der Jedi. Die Sith erwarben mithilfe der dunklen Seite der Macht furchtbare Kräfte. Wie die Jedi kämpften sie mit einem Lichtschwert, einem Schwert, dessen Klinge aus reiner Energie besteht. Die Sith und die Jedi benutzten als Einzige in der Galaxis Lichtschwerter. Das Lichtschwert war die alte Waffe der Jedi, doch weil die Sith früher einmal Jedi waren, benutzten sie es ebenfalls.

Lichtschwerter
Der Griff enthält spezielle Kristalle, die die Energieklinge erzeugen, wenn sie gebraucht wird. Die Klingen der Jedi-Lichtschwerter sind blau, grün oder lila.

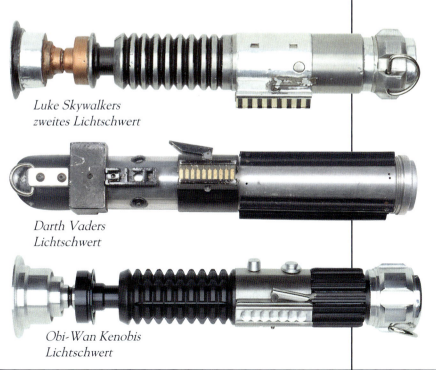

Luke Skywalkers zweites Lichtschwert

Darth Vaders Lichtschwert

Obi-Wan Kenobis Lichtschwert

Sith-Kräfte

Die Sith glaubten, die dunkle Seite der Macht sei mächtiger als die helle. Mit der dunklen Seite hatte man scheinbar schnell Erfolg, während die Jedi die helle Seite der Macht geduldig viele Jahre lang studieren mussten. Die Sith lehnten auch die Lehre der Jedi ab, dass man Gefühle kontrollieren müsse. Sie nutzten Wut und Hass, um ihre Kräfte zu steigern. Sie kannten aber keine Treue und wurden oft von der dunklen Seite zerstört.

Versuchung des Bösen
Die Jedi wussten, dass die Dunkle Seite für alle Jedi eine große Versuchung war. Die meisten widerstanden ihr, doch einige gaben den bösen Mächten nach.

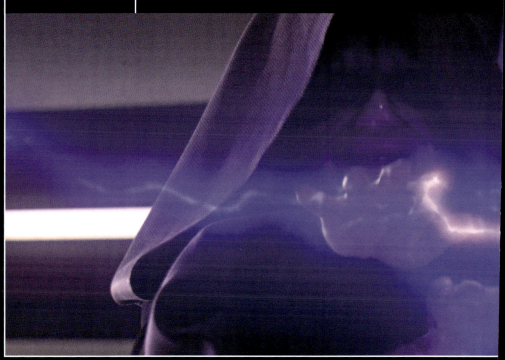

Im Kampf versuchten die Sith, ihre Gegner mit schweren Gegenständen zu zerschmettern, die sie mithilfe der dunklen Energie schleuderten.

Die dunkle Seite der Macht verlieh den Sith Kräfte, die die Jedi nicht hatten. Dazu zählten tödliche Machtblitze, die sie aus ihren Fingern auf Gegner feuerten. Diese Kraft war jedoch sehr gefährlich und konnte auch dem schaden, der sie einsetzte.

Machtblitze
Als Sidious den Jedi Mace Windu mit Machtblitzen angriff, warf Mace sie zu Sidious zurück. Sie trafen ihn im Gesicht und entstellten ihn für immer.

Galaktische Republik
Als die Galaxis in Frieden vereint war, wurde eine Galaktische Republik gegründet. Es war eine Demokratie, sodass jede Person in fast jeder Welt eine Stimme hatte.

Die dunkle Bedrohung

Bevor Darth Sidious Imperator der Galaxis wurde, war er ein beliebter Politiker namens Senator Palpatine. Zu dieser Zeit herrschte Frieden in der Galaxis, und Gesetze wurden im Senat erlassen. Jeder der Planeten hatte eine Stimme im Senat, und große Armeen waren verboten.

Palpatine wollte heimlich die Galaxis übernehmen. Er plante, den Senat zu zerstören und eine riesige Armee aufzubauen, um sich alle Planeten unterwerfen zu können.

Niemand ahnte, dass Palpatine in Wahrheit ein Sith-Lord war. Nachdem er heimlich in der Galaxis einen Krieg angezettelt hatte, überzeugte Palpatine den Senat davon, ihn zu seinem Anführer, dem Obersten Kanzler, zu machen. Er ermächtigte sich, alle Entscheidungen zu treffen und krönte sich zum Imperator. Nun herrschte die dunkle Seite in der Galaxis.

Der Senat
Der Senat war ein gigantisches rundes Gebäude auf dem Hauptplaneten der Galaxis, Coruscant.

Heimlicher Sith
Palpatine verbarg seine wahre Identität vor dem Senat.

Die Jedi als Verteidiger

Als die Sith sich nach tausend Jahren im Verborgenen zeigten, hatten nur die Jedi die Macht, sich ihnen entgegenzustellen. Die Jedi schwören, ihre Macht-Kräfte nur für Gutes zu nutzen. Die gute Seite der Macht wird die helle Seite genannt.

Die helle Seite nutzen zu lernen, dauert viele Jahre. Wer ein Jedi wird, beginnt mit seiner Ausbildung als Kind. Er muss seine Familie zurücklassen und im Jedi-Tempel auf einem großen Planeten leben.

Yoda
Yoda war der weiseste aller Jedi. Er war mehrere Hundert Jahre alt, als die Sith wieder erschienen.

Die Jedi lernen, ihre Gefühle zu kontrollieren, um in jeder Situation ruhig und handlungsfähig zu bleiben. Die Jedi bemühen sich, die Macht in der Galaxis im Gleichgewicht zu halten, was bedeutet, dass sie diejenigen aufhalten müssen, die die dunkle Seite benutzen wollen.

Die Macht verrät den Jedi, ob es irgendwo Unruhen, sogenannte Erschütterungen der Macht, gibt. Dann gibt es irgendwo in der Galaxis ein Problem. Die Jedi müssen es finden und alles tun, um es zu lösen.

Obi-Wan
Obi-Wan Kenobi war ein mächtiger Jedi. Während die Sith in der Galaxis herrschten, lebte er im Verborgenen. Auch Yoda verbarg sich.

Jedi-Rat
Die weisesten Jedi mit der größten Erfahrung saßen im Hohen Rat der Jedi. Vor dem Angriff der Sith spürte Yoda eine starke Erschütterung der Macht, doch auch er konnte die Ursache der Bedrohung nicht sehen.

Darth Vader

Darth Vader herrschte neben Darth Sidious über die Galaxis. Auch Vader war ein Sith-Lord. Sein Wissen über die dunkle Seite der Macht machte ihn mächtig und gefährlich. Vader tötete jeden, der ihm in den Weg kam oder ungehorsam war, selbst seine eigenen Generäle. Mithilfe der Macht würgte er Menschen, ohne sie zu berühren.

Mann mit Maske
Vaders Rüstung und Atemgerät wurden in einer geheimen medizinischen Einrichtung gebaut.

Ohne Maske
Vader nahm seinen Helm nur in einer speziellen Isolierkammer ab. Mechanische Arme hoben den Helm von seinem vernarbten Kopf ab.

Darth Vader erschien stets in schwarzer Rüstung und Maske, weil sein Körper in einem großen Kampf fast vollständig zerstört wurde. Sie sind mit einer Atemvorrichtung und Lebenserhaltungssystemen ausgestattet. Das pfeifende Geräusch von Vaders künstlichem Atem genügte, um jeden, dem er sich näherte, in größten Schrecken zu versetzen.

Raumjäger
Vader flog sein eigenes Kampfschiff in der Schlacht. Er war ein sehr wagemutiger Pilot.

Lichtschwert-Duell
Vader war ein gnadenloser Gegner im Kampf, der nicht zögerte, seinen früheren Meister, Obi-Wan Kenobi, umzubringen.

Anakin Skywalker

Kindheit
Anakin kam auf dem armen Wüstenplaneten Tatooine zur Welt. Als Kind war er ein Sklave, bis der Jedi-Meister Qui-Gon Jinn ihn rettete.

Tragischer Tod
Als Anakin mit den Jedi fortging, musste er seine Mutter zurücklassen. Er verzieh sich nie, dass er ihren Tod nach einer Entführung durch die bösartigen Sandleute nicht verhindern konnte.

Bevor er ein Sith-Lord wurde, war Darth Vader ein Jedi namens Anakin Skywalker. Anakin war einer der talentiertesten Jedi aller Zeiten. Die Macht war unglaublich stark in ihm, aber er war ungeduldig. Er wollte mächtiger werden als jeder andere Jedi.

Palpatine freundete sich mit Anakin an und begann, ihm Dinge einzureden. Er überzeugte Anakin davon, ihm auf die dunkle Seite zu folgen und sich zum Sith ausbilden zu lassen. Palpatine erzählte Anakin, dass die dunkle Seite der Macht stärker wäre als die helle und dass er sogar seine Frau davor schützen könnte, zu sterben. Anakin wollte dies mehr als alles andere. Deshalb gab er seine Jedi-Ausbildung auf und schloss sich Palpatine an.

Als Anakin sich der dunklen Seite hingab, tötete er viele Jedi. Er kämpfte sogar gegen seinen besten Freund, Obi-Wan Kenobi. Am Rand eines Lavastroms duellierten sich Anakin und Obi-Wan auf Leben und Tod, bis Obi-Wan seinen ehemaligen Freund niederwarf. Anakin fiel neben die glühende Lava und fing Feuer. Palpatine rettete ihn und stellte seinen schwer verletzten Körper mit Roboterteilen und einer Rüstung wieder her – Darth Vader war geboren!

Padmé Amidala
Heimlich heiratete Anakin die Senatorin von Naboo, Padmé Amidala, obwohl die Jedi nicht heiraten durften.

Maul

Jeder Sith-Meister erwählte sich einen Schüler, den er in der dunklen Seite unterrichtete. Sidious entschied sich als Erstes für einen wilden Alien vom Planeten Iridonia. Dieser erhielt den Sith-Namen Darth Maul und diente seinem Meister gehorsam, auch wenn er auf den Tag wartete, an dem er Sidious' Platz einnehmen konnte. Maul hatte Kopfhörner und gelbe Augen. Sein Gesicht war mit Symbolen der dunklen Seite tätowiert, und

Sith-Schiff
Mauls Raumschiff konnte sich für andere unsichtbar machen.

Sith-Gleiter
Maul bewegte sich auch auf einem Düsenschlitten mit offenem Cockpit dicht über dem Erdboden fort.

als Waffe hatte er ein Lichtschwert mit zwei Klingen.

Als die beiden Jedi Qui-Gon Jinn und Obi-Wan Kenobi Sidious' Pläne gefährdeten, schickte dieser Maul, um sie zu töten. Der Kampf fand am Rand eines gigantischen Energiegenerators auf Palpatines Heimatplaneten Naboo statt. Die Jedi waren auf eine solche Attacke nicht vorbereitet. Qui-Gon wurde getötet, doch Obi-Wan besiegte den gefährlichen Sith-Schüler.

Sith-Meister
Sidious blieb mit seinem Schüler über einen Holotransmitter in Kontakt.

Count Dooku

Sidious brauchte einen neuen Schüler, nachdem Obi-Wan Darth Maul auf Naboo getötet hatte. Seine Suche führte ihn zu Count Dooku, einem einstigen Jedi-Meister. Er hatte sich dem Jedi-Orden in sehr jungen Jahren angeschlossen, interessierte sich aber für die dunkle Seite und wollte Macht, um Dinge schnell zu verändern. Als Dooku sich Sidious anschloss, nahm er einen neuen

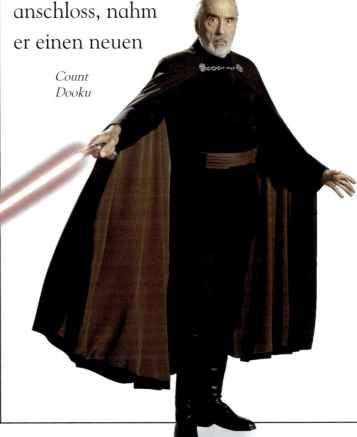

Count Dooku

Waffe
Tyranus' Waffe war ein Lichtschwert mit gebogenem Griff. Seine unerwarteten Bewegungen überraschten sogar die erfahrensten Jedi.

Sith-Namen an – Darth Tyranus.

Viele Jahre lang ermutigte Dooku Planeten und Handelsorganisationen, den Senat zu verlassen und Droidenarmeen zu bauen. Er erzählte ihnen, dass die Galaxis so zu einem besseren Ort würde. In Wahrheit tat er nur, was Sidious ihm befohlen hatte. Sidious' wahre Pläne kannte er nicht.

Am Ende verriet Sidious Dooku und ließ zu, dass Anakin Skywalker ihn tötete. Er wusste, dass der mächtige, begabte Anakin ein nützlicherer Sith-Schüler wäre als Dooku.

Machtblitze
Wie Sidious setzte Tyranus Machtblitze mit tödlicher Wirkung ein.

Droidenarmee

Count Dooku hatte viele Planeten und Organisationen dazu überredet, mächtige Droidenarmeen zu kaufen. Die Fußsoldaten waren Blaster schwingende Kampfdroiden. Schwer bewaffnete Superkampfdroiden sorgten für Deckung. Feuerhagel-Droiden mit tödlichen Kanonen und Raketenwerfern rollten über die Schlachtfelder. Die gefährlichen Droidekas wurden auf Sondermissionen eingesetzt.

Feuerhagel-Droiden
Feuerhagel-Droiden haben die Form riesiger Räder. Sie können über Ebenen oder flache Seen rasen und planieren jedes Hindernis.

Tri-Jäger
Tri-Droidenjäger spüren feindliche Raumschiffe auf und jagen ihnen nach. Dabei zielen sie mit tödlichen Bugkanonen auf ihre Opfer.

Schwer bewaffnete Droidenschiffe kamen bei Weltraumschlachten zum Einsatz. Dazu gehörten Geierdroiden, die auch laufen konnten, und Tri-Droidenjäger. Schwärme winziger Buzz-Droiden hängten sich an feindliche Schiffe. Sie waren sehr klein, verursachten aber mit ihren Schneid- und Sägearmen schwere Schäden.

Spinnendroiden
Spinnendroiden sind für die Schlacht mit Wärmesucher-Raketen ausgerüstet.

General Grievous

Bei Kriegsausbruch in der Galaxis schlossen sich viele brutale Bösewichte den Sith-Lords an. Einer davon war General Grievous, dessen im Kampf zerstörter Körper mit Cyborg-Teilen wieder aufgebaut wurde. Nur seine reptilienähnlichen Augen und die von einem Panzer geschützten inneren Organe waren noch echt. Obwohl mehr Maschine als Mann, tötete Grievous jeden, der ihn als Droiden bezeichnete.

Leibwächter
Grievous wurde von Droiden-Leibwächtern begleitet, die mit tödlichen Energiestäben kämpften.

Grievous wurde Oberster Kommandant der Droidenarmee. Dooku lehrte Grievous, das Lichtschwert zu führen, obwohl Grievous nicht wie die Sith und die Jedi die Macht nutzen konnte.

Grievous hegte schon lange einen Groll gegen die Jedi und nahm jedem, den er getötet hatte, das Lichtschwert ab. Im Kampf konnte Grievous seine zwei Arme in vier teilen und mit jedem ein Lichtschwert schwingen. Seine Leibwächter benutzten tödliche Blaster und Energiestäbe, die die Gegner mit Elektroschocks umbrachten.

Letzter Kampf
Grievous war den vereinten Kräften der Jedi Obi-Wan Kenobi und Anakin Skywalker hoffnungslos unterlegen.

Klonsoldaten

Sidious hatte zwar einen Krieg in der Galaxis entfesselt, wollte aber, dass keine Seite gewinnt. Der Krieg sollte nur so lange dauern, bis die Sith an der Macht waren. Er stellte sicher, dass auch die Republik eine Armee hatte, sodass beide Seiten gleich stark waren. Die Armee der Republik bestand aus gut ausgebildeten Klonsoldaten und verschiedenen Panzern, ferner Kanonen, Kanonenbooten und Angriffsschiffen.

Sonderausbildung
Jeder Klonsoldat war die identische Kopie eines „überlegenen Kriegers" namens Jango Fett. Alle Klone wurden in einer Fabrik gezüchtet und von Geburt an zum Kämpfen ausgebildet.

In vielen Schlachten kämpften die Klonsoldaten auf der Seite der Jedi. Die Jedi-Generäle wussten nicht, dass die Klonsoldaten Sidious' Befehlen gehorchen würden. Als dieser ein bestimmtes Signal sandte, wandten sich die Klonsoldaten gnadenlos gegen ihre republikanischen Herren.

Fahr- und Flugzeuge
In der Schlacht operierten die Klonsoldaten in verschiedenen Arten von Panzern und flogen bewaffnete Kanonenboote.

Waffen
Die Klonsoldaten trugen mächtige Blaster und Gewehre.

Sturmtruppen

Nach Kriegsende herrschte Darth Sidious als Imperator Palpatine über die Galaxis, und die Klonsoldaten wurden seine persönliche Armee. Er nannte sie nun Sturmtruppen und zwang viele Millionen Männer, sich ihnen anzuschließen. Militärakademien wurden gegründet, in denen neue Rekruten als Fußsoldaten oder als Spezialtruppen wie Piloten oder Scouts ausgebildet wurden. Den Sturmtruppen wurde bedingungslose Treue zum Imperium antrainiert.

Rüstung
In ihrer Rüstung waren die Sturmtruppen gegen Waffen und Bombenexplosionen geschützt.

Sturmtruppler

Die Sturmtruppen ließen sich weder bestechen noch überreden, den Imperator zu verraten. Überall lernten die Menschen, die düsteren Truppen in weißer Rüstung zu fürchten.

Schneetruppen
Manche Sturmtruppler trugen eine spezielle Rüstung zum Schutz gegen die Kälte auf Eisplaneten. Sie hießen Schneetruppen.

Imperium und Rebellen

Vaders Sohn
Luke wuchs auf Anakins Heimatplaneten Tatooine bei seinem Onkel und seiner Tante auf.

Vaders Tochter
Leia wuchs auf dem Planeten Alderaan auf. Sie wurde eine Prinzessin – und heimliches Mitglied der Rebellenallianz.

Als Darth Sidious an die Macht kam, begann für die Galaxis ein dunkles Zeitalter – das Imperium. Als Imperator Palpatine setzte Sidious seine riesigen Armeen ein, um die Galaxis in Schrecken zu versetzen und alle davon abzuhalten, sich gegen ihn zu erheben.

Trotzdem bildete sich eine geheime Opposition, die Rebellenallianz. Die berühmtesten Rebellen waren Darth Vaders Kinder, Luke und Leia.

Als sich Anakin Skywalker der dunklen Seite zuwandte, wusste er nicht, dass seine Frau, Padmé Amidala, mit Zwillingen schwanger war. Tragischerweise starb Padmé bei ihrer Geburt. Die Zwillinge wurden an getrennten Orten versteckt, damit Anakin nichts von ihnen erfuhr.

Rebellenallianz
Leia und die Rebellenallianz planten in ihrer geheimen Basis auf dem Planeten Yavin 4 einen Angriff auf das Imperium.

Han Solo
Die Rebellen waren für jede Unterstützung dankbar, selbst von ehemaligen Schmugglern wie Han Solo und Chewbacca.

Jango Fett

Die ersten Klontruppen wurden von einem einzigen „überlegenen Krieger" geklont, einem Mann namens Jango Fett. Jango verdiente sich seinen Lebensunterhalt als Kopfgeldjäger. Das bedeutet, dass er dafür bezahlt wurde, Kriminelle und Gesetzlose zu jagen. Darth Tyranus wusste von seinen unschlagbaren Kampfkünsten und warb ihn für die geheime Klonarmee an.

Erziehung zum Krieger
Jango war Waise. Er wurde von einer legendären Kriegerarmee großgezogen, die man für die gefährlichste der ganzen Galaxis hielt.

Ausrüstung
Jango trug einen Schutzhelm, um seine Identität zu verbergen. Ein Jetpack ermöglichte ihm, zu fliegen und zu entkommen.

Jango Fett

Jango erledigte auch Sondermissionen für die Sith-Lords. Er räumte beispielsweise Personen aus dem Weg, die zwischen den Sith-Lords und ihrem höchsten Ziel, die Galaxis zu beherrschen, standen. Eine solche Person war die gute Senatorin Padmé Amidala. Zum Glück überlebte Padmé die Attentate auf ihr Leben, und die Jedi verfolgten Jango. Schließlich starb Jango in einer großen Schlacht zwischen der Armee der Republik und der Droidenarmee.

Jetpack
Jango startet sein Jetpack, um den Jedi Obi-Wan aus der Luft anzugreifen.

Flammenwerfer
Jango aktiviert den tödlichen Flammenwerfer an seinem Handgelenk.

Luftgleiter
Als Zam schnell fliehen musste, sprang sie in ihren grünen Luftgleiter.

Zam Wesell

Jango Fett hatte viele Kontakte in die kriminelle Unterwelt. Ein solcher Kontakt war die Auftragskillerin Zam Wesell. Sie war ein Alien, der seine Gestalt wandeln und das Aussehen anderer Lebewesen annehmen konnte. Das war nützlich, wenn sie sich unter die Bewohner eines anderen Planeten mischen musste, ohne aufzufallen.

Jango heuerte Zam für den dreisten Mord an der Politikerin Senatorin Padmé Amidala an. Als Erstes versuchte Zam, das Raumschiff der Senatorin in die Luft zu jagen. Dann setzte sie in Padmés Schlafzimmer tödliche Insekten, Kouhuns, frei, während Padmé schlief. Ihre Jedi-Leibwächter konnten den Angriff gerade noch abwehren. Die Jedi Obi-Wan Kenobi und Anakin Skywalker verfolgten und ergriffen Zam, aber bevor diese etwas sagen konnte, wurde sie von einer mysteriösen Figur im Schatten erschossen – Jango Fett.

Jedi-Beschützer
Obi-Wan bemühte sich, Senatorin Amidala zu beschützen.

Wahres Gesicht
Im Sterben nehmen Gestaltwandler wieder ihr eigenes Aussehen an.

Boba Fett

Als Jango Fett im Kampf getötet wurde, hinterließ er seinen jungen Sohn Boba. Boba hatte alles, was er wusste, von seinem Vater gelernt. So wurde er als Erwachsener ebenfalls Kopfgeldjäger. Boba erbte die Rüstung und die Waffen seines Vaters und wurde der beste Kopfgeldjäger der Galaxis. Er arbeitete oft für Darth Vader und machte Feinde des Imperiums ausfindig.

Als Darth Vader erfuhr, dass er einen Sohn hatte, wollte er ihn finden und sehen, ob er ihn für die dunkle Seite gewinnen könnte. Er hätte die Galaxis gern gemeinsam mit seinem Sohn regiert.

Wie der Vater, so der Sohn
Boba Fett ist ein exakter, unveränderter Klon seines Vaters Jango.

Geheime Waffen
Bobas Rüstung verbirgt einen tödlichen Flammenwerfer und leistungsstarke Pfeilgeschosswerfer.

Vader beauftragte Boba Fett, Luke aufzuspüren und zu ergreifen, aber Luke stand fest auf der Seite des Guten. Er hatte seine Jedi-Ausbildung begonnen und weigerte sich, zur dunklen Seite zu wechseln.

Boba wurde schließlich in einem Kampf gegen Luke Skywalker und seine Verbündeten besiegt. Boba Fetts Jetpack war beschädigt und funktionierte nicht richtig. Es schoss den Kopfgeldjäger unkontrolliert in die Luft. Er fand sein Ende, als er in den gierigen Schlund einer riesigen Wüstenkreatur, des Sarlacc, stürzte.

Bewaffnetes Raumschiff
Boba reiste im Schiff seines Vaters, der *Sklave I*. Es strotzte vor Waffen.

Mögliche Flucht
Manche glauben, dass Boba aus dem Bauch des Sarlacc fliehen konnte.

Kriminelle Spezies
Jabba war ein Hutt, eine Spezies, die für ihre Ruchlosigkeit bekannt war. Die Hutts organisierten die meisten großen Verbrecherbanden der Galaxis.

Jabba der Hutt

Ein weiterer Auftraggeber von Boba Fett war der Verbrecherkönig Jabba der Hutt. Diese widerwärtige, schneckenartige Kreatur herrschte über ein kriminelles Imperium, das Geschäfte mit Mord, Diebstahl und Betrug machte. Jabba lebte in einem Palast auf dem Wüstenplaneten Tatooine, gemeinsam mit einem Hofstaat aus Verbrechern, Schmugglern, korrupten Beamten, zwielichtigen Unterhaltungskünstlern und Dienern.

Jabba bezahlte Boba Fett, um ihm einen Schmuggler zu bringen, der ihm Geld schuldete. Der Schmuggler war Han Solo, der sich mit Luke und Leia Skywalker angefreundet hatte. Als Han gefangen und zu Jabba gebracht wurde, brach Leia mit Chewbacca zu seiner Rettung auf. Als auch sie gefangen wurden, musste Luke alle seine Freunde retten. Leia konnte eine Kette um Jabbas Hals winden und ihn vernichten.

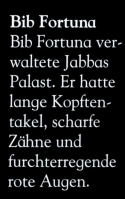

Bib Fortuna
Bib Fortuna verwaltete Jabbas Palast. Er hatte lange Kopftentakel, scharfe Zähne und furchterregende rote Augen.

Hausmonster
Jabba hielt sich einen wilden Rancor in einem Kellerloch. Ab und zu fütterte er ihn zum Spaß mit Gefangenen.

Schurken und Schufte

Auch bevor das Imperium die Macht übernahm, waren Teile der Galaxis wild und gesetzlos. Auf fernen Planeten wie Tatooine wurden höchst gefährliche Podrennen veranstaltet, obwohl sie offiziell verboten waren. Auch Skaverei war üblich. Als der Jedi Qui-Gon Tatooine besuchte, lernte er den Sklavenhändler Watto kennen. Ihm gehörten Anakin Skywalker und seine Mutter Shmi. Anakin and Shmi arbeiteten für Watto in seinem Schrottladen.

Informant
Garindan war ein zwielichtiger Spion, der auf Tatooine lebte.

Watto
Watto ließ Anakin und Shmi sehr hart arbeiten.

Das Imperium hat Verbrechen oft belohnt. Es stützte sich auf Spione, die verdächtiges Verhalten berichteten. Oft mussten Beamte diese anrüchigen Aufgaben erledigen.

Darth Vader, der Luke Skywalker suchte, drohte, die ganze Stadt zu übernehmen, wenn ihr Anführer Lando Calrissian Luke nicht in eine Falle lockte. Als Vader sein Versprechen brach, half Lando Luke und schloss sich den Rebellen an.

Calrissian
Lando Calrissian war äußerst charmant.

Greedo
Greedo, ein kleiner Auftragskiller, sollte Han Solo töten.

Imperiale Mach

Das Imperium kontrollierte die Galaxis mit einer gigantischen Armee von Sturmtruppen und einer Flotte von Kriegsschiffen, die auf allen großen Weltraumrouten patrouillierten. Das größte Kriegsschiff war Darth Vaders *Executor*. Es führte eine Flotte Sternenzerstörer an.

Schwere Bewaffnung
Sternenzerstörer waren mit zahlreichen starken Waffen bestückt.

Jeder Sternenzerstörer hatte genug Waffenkraft, um ganze Planeten zu verwüsten. Um diese großen Schiffe flogen Schwärme unzähliger kleinerer TIE-Jäger, die von Kampfpiloten gesteuert wurden.

Als das Imperium eine geheime Rebellenbasis auf dem Eisplaneten Hoth entdeckte, schickte es riesige Panzer auf Beinen, AT-AT-Kampfläufer genannt. Piloten steuerten sie im Cockpit im Kopf. Bis zur Schlacht von Hoth galten AT-ATs als unbesiegbar, doch die Rebellen wanden Kabel um ihre Beine und brachten sie damit zu Fall.

Scout-Läufer
Die kleineren AT-STs patrouillierten auf vielen Planeten.

Finsterer Spion
Ein Sondendroide entdeckte die Rebellenbasis auf Hoth und informierte das Imperium.

Todesstern

Der Todesstern war die furchtbarste Waffe des Imperators. Er war so groß wie ein kleiner Mond, war aber eines der größten Raumschiffe aller Zeiten. Seine gigantische Superlaser-Waffe konnte ganze Planeten zerstören. Um seine enorme Stärke zu demonstrieren, zerstörte das Imperium damit den Planeten Alderaan. Dort hatte Darth Vaders Tochter Leia die meiste Zeit ihres Lebens verbracht.

Folter
An Bord des Todessterns drohte Darth Vader, Prinzessin Leia mit einem Droiden zu foltern, um sie zu zwingen, den Standort der Rebellenbasis zu verraten.

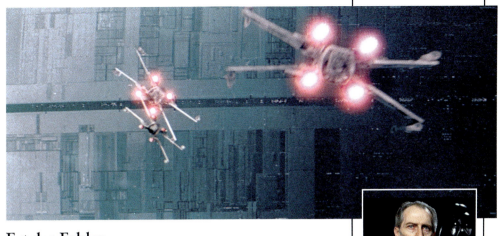

Fataler Fehler
Der unbewachte Abluftschacht befand sich am Ende eines langen Grabens an der Oberfläche des Todessterns.

Drahtzieher
Eine der Führungspersönlichkeiten des Imperiums, Großmoff Tarkin, war das Superhirn hinter dem Todesstern.

Doch selbst der Todesstern hatte einen Fehler. Könnte ein fähiger Pilot Torpedos in einen Abluftschacht an der Oberfläche feuern, würde eine Kettenreaktion von Explosionen das ganze Raumschiff zerstören. Die Rebellenallianz setzte ihre besten Piloten auf dieses Ziel an. Luke Skywalker vertraute auf die Macht und feuerte. Treffer! Luke hatte die schlimmste Waffe des Imperiums zerstört.

Zweiter Todesstern
Nachdem die Rebellen den ersten Todesstern zerstört hatten, befahl Imperator Palpatine den Bau eines Ersatzes.

Sieg der Rebellen

Die mutigen Rebellen weigerten sich, den Kampf gegen den Imperator Palpatine und sein Reich des Bösen aufzugeben. Der Imperator befehligte zwar die größte Armee der Galaxis, war jedoch nicht unbesiegbar. Die Rebellen schlossen sich mit einer Gruppe Waldbewohner, den Ewoks, auf dem Planeten Endor zusammen. Gemeinsam kämpften sie die Sturmtruppen nieder und halfen den Rebellenschiffen, den zweiten Todesstern mit aller Macht anzugreifen.

Aufgepasst!
Die Ewoks benutzten nur Waffen aus Holz. Dennoch gelang es ihnen, die gut ausgebildeten und bewaffneten Sturmtruppen zu schlagen.

Auf dem Todesstern kämpfte Luke gegen den Imperator und Darth Vader um sein Leben. Als er sich nicht der dunklen Seite ergeben wollte, zwang der Imperator Vater und Sohn, gegeneinander zu kämpfen. Am Ende konnte Luke Vader nicht töten, und als der Imperator Luke töten wollte, wandte sich Vader gegen seinen Sith-Meister und stürzte ihn in einen tiefen Schacht.

Luke hatte gezeigt, dass selbst jemand auf der dunklen Seite noch Gutes in sich trägt, das man erreichen kann – wenn man nur weiß, wie.

Demaskierter Vader
Luke nahm Vader die Maske ab, um den Vater zu sehen, den er nie gekannt hatte.

Glossar

Blaster
Waffe, die einen tödlichen Lichtstrahl schießt.

Dunkle Seite
Teil der Macht, der mit Angst und Hass verbunden ist.

Droide
Eine Roboterart. R2-D2 ist ein Droide.

Galaktisch
Was zu einer Galaxis gehört.

Galaxis
Gruppe von Millionen Sternen und Planeten.

Helle Seite
Teil der Macht, der mit Güte, Mitgefühl und Heilen verbunden ist.

Imperator
Der Anführer eines Imperiums. Palpatine ist der Imperator des Galaktischen Imperiums.

Imperium
Gruppe von Völkern, die von einem Imperator regiert wird.

Jedi-Meister
Die Jedi mit der größten Erfahrung.

Jedi-Orden
Name einer Gruppe, die für Frieden und Gerechtigkeit in der ganzen Galaxis kämpft.

Jedi-Rat
Regierungsorgan des Jedi-Ordens. Die weisesten Jedi wie Yoda sitzen im Rat.

Jedi-Ritter
Star Wars-Krieger mit besonderen Kräften, der das Gute in der Galaxis verteidigt. Anakin Skywalker, Luke Skywalker und Obi-Wan Kenobi sind Jedi-Ritter.

Jedi-Tempel
Jedi-Hauptquartier, wo der Jedi-Rat tagt und Jedi leben, trainieren und arbeiten.

Klon
Eine exakte Kopie einer anderen Person.

Kopfgeldjäger
Eine Person, die Kriminelle und andere gesuchte Menschen gegen Geld jagt.

Lichtschwert
Waffe der Jedi und Sith aus glühender Energie.

Die Macht
Energiefeld, das alle Lebewesen erzeugen.

Machtblitz
Eine der Kräfte der Sith, mit der sie tödliche Elektrizität aus ihren Fingern feuern können.

Rebell
Jemand, der gegen den Herrscher kämpft.

Republik
Eine Gemeinschaft, in der das Volk seinen Anführer wählt.

Senat
Das Regierungsorgan der Republik.

Senator
Ein Mitglied des Senats. Er wurde durch das Volk gewählt, das er vertritt.

Sith
Die Feinde der Jedi, die die dunkle Seite der Macht benutzen.

Sturmtruppen
Soldaten, viele davon Klone, die dem Imperator Palpatine treu dienen. Sie tragen eine weiße Rüstung.

Register

Abfangjäger 16
Ackbar, Admiral 124
Acklay 138, 139
Alderaan 79, 170
Aliens 19
Amidala, Padmé 17, 20, 47, 49, 59, 63, 67, 71, 74, 102, 103, 104, 157, 171, 173, 175
AT-ATs 110, 111, 183
Atlatl 105
AT-STs 112, 113, 183
Ausbildung 8, 9, 12, 13, 20, 35

Bespin 89
Blaster 23, 162, 167
Bongo 42

C–3PO 54
Calrissian, Lando 121, 181
Chewbacca 101, 112, 113, 120, 171, 179
Coruscant 60, 98, 103, 116, 117, 118, 135, 141, 151,

Darth Maul 23, 34, 35, 126, 127, 128, 158, 159, 160
Darth Sidious 33, 35, 38, 46, 65, 99, 100, 109, 127, 128, 129, 134, 135, 144, 145, 146, 149, 150, 154, 158, 159, 160, 161, 166, 167, 168, 170 (siehe auch Palpatine)
Darth Vader 48, 53, 74, 75, 76, 78, 81, 82, 74, 75, 76, 78, 81, 82, 74, 83, 87, 88, 89, 90, 91, 92, 93, 94, 100, 110, 111, 132, 133, 135, 137, 140, 154, 155, 156, 157, 170, 176, 177, 181, 182, 184, 187 (siehe auch Anakin Skywalker)
Dooku, Count 35, 36, 63, 72, 106, 128, 129, 130, 132, 134, 160, 161, 162, 165
Droideka 103, 162
Droiden 38, 39, 41, 43, 54, 59, 88, 99, 103, 104, 105, 106, 107, 108, 115, 116, 117, 130, 161, 162, 165, 173
Droidenkontrollschiffe 115
Droidenschiffe 163
Dschungel 41
Dunkle Seite 33, 34, 46, 48, 61, 72, 74, 75, 78, 81, 91, 93, 95, 128, 133, 135, 144, 145, 148, 149, 156, 157, 158, 177, 187

Endor 112, 113, 124, 140
Ewoks 113, 140, 186, 186
Felucia 109

Fett, Boba 118, 137, 176, 177, 178, 179
Fett, Jango 118, 119, 136, 137, 116, 172, 173, 175, 176
Feuerhagel-Droiden 162

Galaktische Republik (siehe auch Republik)
Galaxis 7, 10, 12, 37, 38, 41, 42, 44, 48, 49, 53, 64, 89, 91, 95, 98, 99, 100, 101, 102, 112, 114, 118, 134, 136, 138, 140
Garindan 180
Geierdroiden 163

Geisteskräfte 26, 27
Geistestrick 24
Generäle 41, 81
Geonosis 39, 106, 107, 128, 136, 137, 138,
Greedo 181
Grievous, General 36, 37, 130, 131, 164, 165
Gungans 102, 103, 104, 105

Handelsföderation 59, 98, 99, 100, 102, 103, 104, 109, 114, 115
Heirat 16, 17
Helle Seite 152
Helme 13, 48
Hörner 34
Hoth 88, 89, 111, 112, 183
Hutt, Jabba der 137, 139, 178, 179

Imperator 53, 81, 84, 87, 88, 93, 94, 100, 101, 109, 110, 133, 135, 140, 141, 144, 151, 168, 169, 170, 186, 187
Imperium 109, 110, 122, 123, 124, 125, 140, 141, 144, 145, 168, 170, 176, 181, 182, 185, 186

Jedi 7, 8, 9, 10, 11, 12, 14, 16, 17, 18, 19, 20, 21, 23, 24, 26, 27, 28, 29, 33, 36, 38, 39, 41, 42, 43, 44, 46, 47, 48, 49, 53, 56, 57, 59, 60, 61, 63, 67, 68, 70, 71, 73, 74, 78, 89, 90, 91, 92, 94, 95, 98, 99, 102, 103, 106, 107, 109, 115, 116, 118, 119, 126, 127, 128, 129, 130, 131, 132, 133, 134, 136, 139, 145, 146, 147, 148, 149, 152, 153, 155, 156, 157, 159, 160, 165, 167, 173, 175, 177, 180
Jedi-Ausrüstung 28, 29, 30, 31

Jedi-Meister 9, 11, 13, 35, 82, 89, 197, 128, 134,
Jedi-Rat 18, 58, 59, 153
Jedi-Ritter 8, 15, 53, 60, 63, 98, 126, 138
Jedi-Tempel 12, 13, 18, 47, 66, 73, 91, 152
Jinn, Qui-Gon 11, 20, 23, 25, 28, 29, 30, 35, 56, 57, 58, 59, 102, 103, 126, 127, 156, 159, 180
Jüngling 8, 13, 19, 27

Kamino 136
Kampfdroiden 21, 98, 102, 103, 104, 105, 109, 115, 162
Kashyyyk 108, 109
Kenobi, Obi-Wan 6, 14, 24, 28, 30, 35, 37, 42, 43, 45, 47, 56, 58, 59, 61, 63, 64, 66, 71, 72, 74, 75, 78, 79, 82, 85, 102, 103, 116, 117, 118, 119, 127, 128, 130, 131, 132, 133, 136, 138, 139, 145, 153, 155, 157, 159, 160, 165, 173, 175
Klonkriege 70, 72, 107, 130, 136
Klontruppen 76, 106, 107, 108, 109
Kopfgeldjäger 101, 136, 137, 138, 172, 179
Kouhuns 175
Kräfte 10, 26, 33
Krieg 37, 38, 41, 44, 46, 48, 98, 99, 100, 107, 116, 130, 136

Lars, Beru 79
Lars, Cliegg 69
Lars, Owen 79
Leia, Prinzessin 49, 79, 82, 83, 101, 113, 121, 129, 141
Lichtschwert 19, 20, 21, 23, 28, 34, 36, 37, 74, 81, 91, 98, 126, 128, 130, 131, 134, 135, 137, 139, 146,

147, 155, 156, 160, 165
Luftgleiter 42, 174

Macht 7, 10, 13, 23, 24, 26, 27, 33, 34, 42, 46, 48, 49, 53, 56, 57, 60, 61, 81, 82, 91, 93, 95, 98, 128, 135, 144, 148, 149, 152, 153, 154, 156, 185
Machtblitz 145, 149, 161
Millennium Falke 89, 120, 121, 125
Mundi, Ki-Adi 41
Mustafar 76, 132, 133

Naboo 30, 59, 66, 67, 99, 102, 103, 104, 105, 114, 115, 116, 127, 157, 159, 160
Nass, Boss 104
Nexu 138, 139

Organa, Bail 79

Padawan 8, 7, 61, 63
Palpatine 15, 38, 48, 53, 64, 65, 66, 71, 100, 101, 112, 116, 117, 129, 132, 133, 134, 135, 140 (siehe auch Darth Sidious)
Panzer 39
Piloten 11, 42, 43
Planeten 39, 41, 54, 56, 57, 58, 60, 64, 68, 69, 76, 79, 82, 84, 88, 89, 90, 98, 99, 100, 102, 103, 104, 105, 106, 107, 108, 109, 111, 114, 116, 117, 118, 122, 123, 126, 127, 128, 130, 131, 132, 133, 135, 136, 137, 138, 141
Podrennen 11, 57, 180
Politiker 9

R2-D2 43
Rancor 139

Raumschiffe 9, 12, 27, 31, 42, 44, 45, 103, 117, 123
Rebellen 82, 83, 84, 85, 87, 88, 89, 90, 101, 110, 111, 112, 113, 122, 123, 124, 125, 138, 140
Rebellenallianz 83, 86, 101, 110, 121, 122, 140, 141, 170, 171, 180, 183, 184, 185
Republik 64, 65, 67, 70, 81, 82, 98, 99, 100, 106, 108, 116, 117, 134, 141

Sandleute 69, 156
Sarlacc 177
Schiffe 114, 115, 117, 18, 119, 120
Schlachtfeld 39
Schüler 9, 53, 58, 59, 60, 82, 127, 128, 129, 146, 158, 159
Secura, Aayla 40, 109
Senat 64, 98, 100, 103, 135
Senator 64, 67, 100, 132, 150, 151, 161
Senator Palpatine 150, 156, 157
Shmi 54, 68, 69, 79, 180
Sith 33, 34, 35, 36, 38, 46, 48, 49, 53, 61, 63, 65, 72, 73, 74, 75, 81, 99, 100, 101, 109, 110, 116, 126, 127, 128, 129, 132, 133, 134, 135, 146, 147, 148, 149, 154, 156, 160, 161, 164, 165, 173, 187
Sklaven 25, 118, 180
Skywalker, Anakin 11, 14, 15, 17, 25, 38, 42, 44, 45, 46, 47, 48, 49, 53, 54, 56, 57, 58, 59 60, 61, 63, 64, 65, 66, 67, 68, 69, 70, 71, 72, 73, 74, 75, 76, 78, 81, 92, 94, 95, 114, 115, 116, 117, 129, 130, 132, 134, 138, 139, 149, 156, 157, 161, 165, 171, 175, 180 (siehe auch Darth Vader)

Skywalker, Leia 170, 171, 179, 184
Skywalker, Luke 27, 49, 79, 82, 85, 89, 90, 91, 92, 93, 94, 95, 101, 113, 123, 133, 135, 137, 139, 141, 170, 177, 179, 181, 185, 187
Solo, Han 101, 113, 120, 121, 137, 141, 171, 173, 177, 179, 181
Spinnendroiden 163
Sternenjäger 43, 44, 114, 115, 122, 123
Sturmtruppen 100, 109, 110, 112, 113, 168, 169, 182
Supersternenzerstörer 86, 87, 120, 121, 125, 182, 183

Tarfful 108
Tarkin, Großmoff 185
Tatooine 54, 56, 57, 58, 68, 69, 79, 126, 156, 170, 178, 180
Tätowierungen 35
TIE-Jäger 183
Todesstern 84, 85, 89, 112, 113, 121, 122, 123, 124, 125, 133, 140, 184, 185, 186, 187
Tri-Droidenjäger 163

Utapau 130, 131

Watto 25, 180
Wesell, Zam 174, 175
Windu, Mace 6, 18, 19, 41, 134, 136, 137, 149
Wolkenstadt 89, 90
Wookiees 101, 108

Yavin 52, 82, 98, 122, 123, 144, 171
Yoda 7, 13, 18, 78, 89, 128, 135, 152, 153